MW00652476

RECURSO BILINGÜE
2

CONOCIENDO NUESTRA
FE CATÓLICA
CREENCIAS Y TRADICIONES

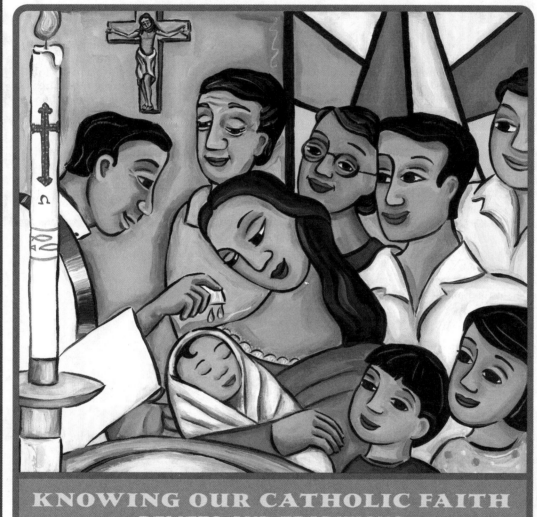

KNOWING OUR CATHOLIC FAITH
BELIEFS AND TRADITIONS

LOYOLA PRESS.
UN MINISTERIO JESUITA
A JESUIT MINISTRY

Joshua
hernandez
Zanda

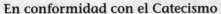

En conformidad con el Catecismo

El Subcomité para el Catecismo de la Conferencia de Obispos Católicos de los Estados Unidos, consideró que el contenido doctrinal de este manual, copyright 2011, está en conformidad con el *Catecismo de la Iglesia Católica*.

Found to be in conformity

The Subcommittee on the Catechism, United States Conference of Catholic Bishops, has found the doctrinal content of this manual, copyright 2011, to be in conformity with the *Catechism of the Catholic Church*.

Conforme al canon 827 del Código de Derecho Canónico, Reverendo John F. Canary, Vicario General de la Arquidiócesis de Chicago, ha otorgado, en el día de la fecha 6 de enero del 2010, aprobación para la publicación. La aprobación para la publicación es una declaración oficial de la autoridad eclesiástica, la cual establece que el material en cuestión carece de errores morales o doctrinales. De lo establecido no se infiere que quienes han otorgado la aprobación están de acuerdo con el contenido, opiniones o expresiones vertidas en el trabajo ni asumen responsabilidad legal alguna relacionada con la publicación.

In accordance with c. 827, permission to publish is granted on January 6, 2010 by Very Reverend John F. Canary, Vicar General of the Archdiocese of Chicago. Permission to publish is an official declaration of ecclesiastical authority that the material is free from doctrinal and moral error. No legal responsibility is assumed by the grant of this permission.

Las citas bíblicas corresponden a *La Biblia de nuestro pueblo* © 2006 Pastoral Bible Foundation y © Ediciones Mensajero. Todos los derechos reservados.

The Scripture quotations contained herein are from the *New Revised Standard Version Bible*, copyright ©1989 by the Division of Christian Education of the National Council of the Churches of Christ in the U.S.A., and are used by permission. All rights reserved.

Ilustración de la portada/Cover art: Jill Arena

Diseño de portada/Cover design: Judine O'Shea, Loyola Press

Diseño interior/Interior design: Think Book Works

Traductor/Translator: Santiago Cortés-Sjöberg, Loyola Press

Consultores bilingües/Bilingual consultants: Miguel Arias, Luis Ramírez, Patricia Tapia, Loyola Press

Consultores del programa/Program consultants: Mary K. Yager; Sr. Kathryn Ann Connelly, SC; Most Rev. Sylvester D. Ryan, DD; Rev. Richard Walsh; Jacquelyne M. Witter

ISBN 13: 978-0-8294-2900-8
ISBN 10: 0-8294-2900-X

Copyright ©2011 Loyola Press, edición bilingüe/bilingual edition.

Todos los derechos reservados/All rights reserved.

LOYOLAPRESS.
UN MINISTERIO JESUITA
A JESUIT MINISTRY

3441 N. Ashland Avenue
Chicago, Illinois 60657
(800) 621-1008

Webcrafters, Inc. / Madison, WI, USA / 05-13 / 2nd Printing

CONOCIENDO NUESTRA
FE CATÓLICA
CREENCIAS Y TRADICIONES

KNOWING OUR
CATHOLIC FAITH
BELIEFS AND TRADITIONS

Autora/Author
Peg Bowman

Editor bilingüe/Bilingual Editor
Santiago Cortés-Sjöberg

LOYOLAPRESS.
UN MINISTERIO JESUITA
A JESUIT MINISTRY

Yo soy un niño/niña católico.

Me llamo _Joshua_____.

Este libro te ayudará a aprender la fe católica.

También podrás jugar, resolver puzzles y hacer dibujos.

Este libro te ayudará a aprender acerca de las creencias católicas.

También te ayudará a aprender más tradiciones católicas.

I am a Catholic child.

My name is _Joshuahernandezlanda_.

This book will help you learn about the Catholic faith.

You can play some games, work some puzzles, and draw some pictures.

This book will help you learn about Catholic beliefs.

It will help you know some more Catholic traditions.

Índice

Oración 4

Sección uno

Nuestras creencias católicas . . 5

1 **Creemos en un solo Dios** 6
ACTIVIDAD: *Un mensaje en código*

2 **Dios, nuestro Padre** 8
ACTIVIDAD: *Emparejar*

3 **La creación** 10
ACTIVIDAD: *Ordena los nombres*

4 **Un pecado y una promesa** 12
ACTIVIDAD: *Un mensaje escondido*

5 **Dios cumplió su promesa** 14
ACTIVIDAD: *Crucigrama*

6 **Jesús, el Salvador** 16
ACTIVIDAD: *Busca las respuestas*

7 **Jesús envía al Espíritu Santo** .18
ACTIVIDAD: *Un dibujo escondido*

8 **El pueblo de Dios** 20
ACTIVIDAD: *Somos la Iglesia*

9 **María, los santos y
los ángeles** 22
ACTIVIDAD: *Algunos de nuestros
amigos especiales del cielo*

10 **La vida eterna** 24
ACTIVIDAD: *Eligiendo un camino
de amor*

11 **La Biblia** 26
ACTIVIDAD: *El libro sagrado que
leemos los católicos*

Repaso de la sección uno . . . 28

Sección dos

Nuestras celebraciones
católicas 29

12 **Los siete sacramentos** 30
ACTIVIDAD: *Dios nos da su gracia*

13 **El Bautismo** 32
ACTIVIDAD: *El día del Bautismo*

14 **La Eucaristía** 34
ACTIVIDAD: *Celebramos*

15 **Una comida y un sacrificio** . . 36
ACTIVIDAD: *El sacrificio de Jesús*

16 **¿Qué hacemos durante
la misa?** 38
ACTIVIDAD: *Durante la misa*

17 **Objetos de la iglesia** 40
ACTIVIDAD: *Cosas que vemos
en la iglesia*

18 **La Reconciliación** 42
ACTIVIDAD: *Celebrando la
Reconciliación*

Repaso de la sección dos . . . 44

Contents

Prayer 4

Section One

Our Catholic Beliefs 5

1 We Believe in One God 6
ACTIVITY: *A Message in Code*

2 God Our Father 8
ACTIVITY: *Matchmaking*

3 Creation 10
ACTIVITY: *Unscramble the Names*

4 A Sin and a Promise 12
ACTIVITY: *A Hidden Message*

5 God Kept His Promise 14
ACTIVITY: *Crossword Puzzle*

6 Jesus the Savior 16
ACTIVITY: *Search for the Answers*

7 Jesus Sends the Holy Spirit . .18
ACTIVITY: *A Hidden Picture*

8 The People of God 20
ACTIVITY: *We Are the Church*

9 Mary, Saints, and Angels . . . 22
ACTIVITY: *Some of Our Special Friends in Heaven*

10 Life Forever 24
ACTIVITY: *Choosing a Way of Love*

11 The Bible 26
ACTIVITY: *The Holy Book That Catholics Read*

Section One Review 28

Section Two

Our Catholic Celebrations . . 29

12 The Seven Sacraments 30
ACTIVITY: *God Gives Us Grace*

13 Baptism 32
ACTIVITY: *Baptism Day*

14 Eucharist 34
ACTIVITY: *We Celebrate*

15 A Meal and a Sacrifice 36
ACTIVITY: *Jesus' Sacrifice*

16 What Do We Do at Mass? . . . 38
ACTIVITY: *At Mass*

17 Church Objects 40
ACTIVITY: *Things We See at Church*

18 Reconciliation 42
ACTIVITY: *Celebrating Reconciliation*

Section Two Review 44

Sección tres

Vivimos nuestra
vida en Cristo 45

19 **Los Mandamientos de Dios** . . 46
ACTIVIDAD: *Cumpliendo los
mandamientos del
amor de Dios*

20 **Amamos y honramos a Dios** . . 48
ACTIVIDAD: *Palabras desordenadas*

21 **Amando a los demás** 50
ACTIVIDAD: *Amar a los demás como
me amo a mí mismo*

22 **Cuando no amamos** 52
ACTIVIDAD: *Eligiendo amar*

Repaso de la sección tres . . . 54

Sección cuatro

Los católicos oramos 55

23 **Hablando con Dios** 56
ACTIVIDAD: *Mi propia oración a Dios*

24 **Oraciones católicas** 58
ACTIVIDAD: *Muchos tipos de oración*

25 **Las personas que nos
ayudan a orar** 60
ACTIVIDAD: *Las personas que
me ayudan a orar*

26 **El Padrenuestro** 62
ACTIVIDAD: *Mis propias oraciones
a Dios*

Repaso de la sección cuatro . . 64

Glosario 65

Santos 69

Lugares sagrados 73

Oraciones y prácticas 75

3

Section Three

We Live Our Life in Christ . . 45

19 God's Commandments 46
ACTIVITY: *Following God's
Commandments of Love*

20 We Love and Honor God 48
ACTIVITY: *Word Scramble*

21 Loving Other People 50
ACTIVITY: *Loving Others as Myself*

22 When We Fail to Love 52
ACTIVITY: *Choosing to Love*

Section Three Review 54

Section Four

We Catholics Pray 55

23 Talking to God 56
ACTIVITY: *My Own Prayer to God*

24 Catholics Prayers 58
ACTIVITY: *Many Kinds of Prayers*

25 Those Who Help Us Pray 60
ACTIVITY: *People Who Help Me Pray*

26 The Lord's Prayer 62
ACTIVITY: *My Own Prayers to God*

Section Four Review 64

Glossary 65

Saints 69

Sacred Sites 73

Prayers and Practices 75

Querido Dios:

al abrir este libro
me acuerdo lo mucho que me quieres.

Yo también te quiero.

Quiero ser tu amigo y conocerte mejor.

Ayúdame.

Ayuda también a mi familia, amigos y
a todo el mundo.

Haré todo lo que pueda para aprender más acerca
de ti, de tu Iglesia y para ser tu buen amigo.

Amén.

Dear God,

as I open this book
I remember how much you love me.

I also love you.

I want to be your friend and learn about you.

Help me, my family, my friends,
and all the world.

I will do my best to get to know
you and your Church better
and to be your good friend.

Amen.

Nuestras creencias católicas

¿Quién es Dios?

¿Qué creemos los católicos acerca de Dios y de la Iglesia?

Tú ya sabes muchas cosas importantes acerca de Dios.

En estas páginas descubrirás más cosas sobre lo que los católicos creemos acerca de Dios.

Leerás más sobre Jesús.

¡Aprenderás acerca de la Virgen María, los ángeles, los santos y otras muchas cosas maravillosas de nuestra fe!

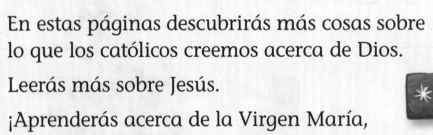

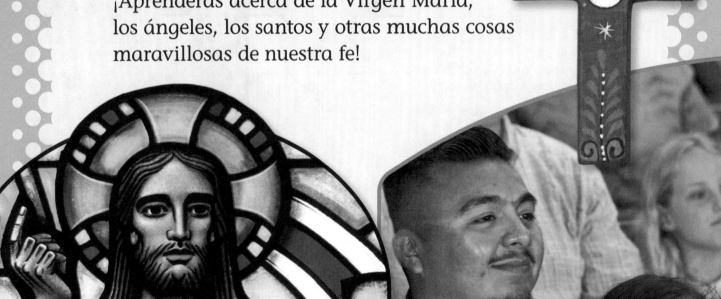

Our Catholic Beliefs

Who is God?

What do Catholics believe about God and the Church?

You already know many important things about God.

In these pages, you will find out more about what Catholics believe about God.

You will read more about Jesus.

You will learn about Mary, the angels, the saints, and other wonderful things about our faith!

Creemos en un solo Dios

¿Por qué creemos en Dios?

No podemos ni ver ni escuchar a Dios,
pero podemos ver y escuchar el maravilloso mundo
que Dios ha creado.

Dios también nos ha dado el regalo de la fe.
La fe nos ayuda a creer.

Podemos saber de Dios al saber cosas del mundo que
Dios ha creado. Podemos saber de Dios a través de
nuestra fe.

Nuestra fe nos enseña que sólo hay un Dios.
Hay tres Personas en un solo Dios.
A las tres Personas en un solo Dios las llamamos la
Santísima Trinidad: Dios Padre, Dios Hijo y Dios
Espíritu Santo. Hay tres Personas, pero sólo un Dios.
Nuestra fe nos dice que esto es verdad.

Conoce nuestra
tradición católica

Oramos:
   Gloria al Padre
   y al Hijo
   y al Espíritu Santo.
   Como era en el principio,
   ahora y siempre,
   por los siglos de los siglos. Amén.

We Believe in One God

Why do we believe in God?

We cannot see or hear God, but we can see and hear God's wonderful world. God has also given us the gift of faith. Faith helps us believe.

We can know about God by knowing God's world. We can know about God through faith.

Our faith teaches us there is one God. There are three Persons in one God. The three Persons in one God are the **Holy Trinity**—God the Father, the Son, and the Holy Spirit. There are three Persons, but only one God. Our faith tells us this is true.

Know Our Catholic Tradition

We pray,
Glory to the Father,
and to the Son,
and to the Holy Spirit:
as it was in the beginning,
is now,
and will be for ever. Amen.

Un mensaje en código

Aquí tienes un mensaje importante acerca de nuestras creencias. Usa el código para descifrar el mensaje.

Código   A = *   E = @   I = ~   O = ^   U = +

CR@@M^S @N +N

Creemos   en   un

S^L^ D~^S,

solo   dios,

P*DR@, H~J^ Y

Padre,   hijo   y

@SP~R~T+ S*NT^.

espiritu   santo.

H@M^S R@C~B~D^ @L

Hemos   Recibido   el

R@G*L^ D@ L* F@.

Regalo   de   la   fe.

7

A Message in Code

Here is an important message about our beliefs.
Use the code to spell the message.

Code   A = *   E = @   I = ~   O = ^

W@ B@L~@V@   ~N

<u>We   belive   in</u>

^N@ G^D—

<u>one   god.</u>

F*TH@R, S^N, *ND

<u>Father, son, ~~&~~</u>

H^LY SP~R~T.

_____

W@ H*V@ TH@ G~FT

_____

^F F*~TH.

_____

7

Dios, nuestro Padre

La Primera Persona de la Santísima Trinidad es Dios **Padre.** Nuestros padres y madres nos dieron la vida. ¡Dios Padre da vida a todas las cosas! Por eso sabemos que Dios es como un padre, quien da vida.

Dios tiene el poder de dar la vida y de quitar la vida. Dios mantiene al mundo en su lugar. ¡Qué Padre tan maravilloso es Dios!

Llamamos a Dios nuestro Padre porque él nos ama. Dios nos cuida de la misma manera que los padres aman y cuidan de sus hijos. Dios, nuestro Padre, nos da todo lo que necesitamos. ¡Dios es un Padre lleno de amor!

Dios quiere que seamos sus hijos amorosos.

Conoce nuestra tradición católica

Cuado oramos: "Padre nuestro. . . danos hoy nuestro pan de cada día", le estamos pidiendo a Dios que nos dé cada día las cosas que necesitamos para vivir.

God Our Father

The First Person of the Holy Trinity is God the **Father.** Our fathers and mothers gave us life. God the Father gives everything life! So we know God is like a parent—someone who gives life.

God has the power to give life and the power to take it away. God holds the whole world in place. What a wonderful Father God is!

We call God our Father because he loves us. He takes care of us the way parents love and take care of their children. God our Father gives us everything we need. What a loving Father God is!

God wants us to be his loving children.

Know Our Catholic Tradition

When we pray, "Our Father . . . give us this day our daily bread," we are asking God to give us the things we need to live our lives each day.

Emparejar

Cada dibujo de la izquierda muestra a una persona o cosa que necesita un regalo de Dios. ¿Puedes emparejar los dibujos de la izquierda con los regalos de la derecha? Traza una línea para unir cada pareja.

Matchmaking

Each picture on the left shows a person or thing that needs a gift from God. Can you match them with the gifts pictured on the right? Draw lines to make the matches.

La creación

¿Qué significa "crear"? **Crear** significa "hacer algo de la nada". ¡Dios creó el mundo entero de la nada!

Dios dijo una palabra y lo que dijo existió.
Dios dijo: "Que exista la luz". Y la luz, ¡existió!
Dios dijo: "Que existan el sol y la luna. Que existan el agua, las plantas, los animales. . ."
¡Dios vio que todo lo que él había creado era muy bueno!

Basado en Génesis 1:1–31

Pero Dios quería crear a alguien que pudiera conocerle y amarle. Dios creó a un hombre, Adán, y a una mujer, Eva.

Dios creó a los hombres y a las mujeres para que compartieran la propia vida de Dios, y para que vivieran en el mundo y cuidaran de este.

> **Conoce nuestra fe católica**
>
> "Al principio . . . Dios creó el cielo y la tierra".
> Basado en Génesis 1:1

Creation

What does it mean to create? To **create** means "to make something out of nothing." God created the whole world out of nothing!

God spoke a word and it came to be. God said, "Let there be light." And there was light! God said, "Let there be a sun and a moon. Let there be water, plants, animals. . . ." God saw that everything he made was very good!

Based on Genesis 1:1–31

But God wanted to create someone who could know him and love him. God created a man, Adam, and a woman, Eve.

God created men and women to share his own life and to live in the world and take care of it.

Know Our Catholic Belief

"In the beginning . . . God created heaven and earth."

Based on Genesis 1:1

Ordena los nombres

Adán y Eva dieron nombres a estas plantas y animales, pero cuando sopló el viento las letras se desordenaron. Ayúdalos a deletrear correctamente los nombres.

bloalca

1. _caballo_

aors

2. _rosa_

joocen

3. _conejo_

rapojá

4. _pajaro_

soo

5. _oso_

zamnaan

6. _munzana_

Unscramble the Names

Adam and Eve have given these plants and animals names, but when the wind blew, the letters got scrambled. Help them spell each name correctly again.

r s h e o

1. _horse_

o e s r

2. _rose_

b r i b a t

3. _rabbit_

d i r b

4. _bird_

a r b e

5. _bear_

p l a e p

6. _apple_

11

Un pecado y una promesa

Dios dio a Adán y a Eva un hogar maravilloso. Ellos cuidaban del mundo de Dios. Hablaban con Dios todos los días. Al principio Adán y Eva hacían todo lo que Dios les pedía. Pero un día no obedecieron a Dios. Pensaron que ellos sabían más que Dios. Después de desobedecer a Dios, Adán y Eva —y todos los seres humanos desde entonces— tuvieron una vida más dura. Cuando murieron no pudieron vivir con Dios en el cielo.

¡Dios estaba tan triste por la mala decisión que habían tomado Adán y Eva! Entonces Dios les hizo una promesa. Dios dijo: "Les enviaré a alguien para que los salve de este pecado. ¡Esperen! Les enviaré un Salvador".

Basado en
Génesis 2:15 y 3:1–20

> **Conoce nuestra fe católica**
>
> Porque Adán y Eva no obedecieron a Dios, todos nacemos en pecado. Nacemos en **pecado original**, heredado de Adán y Eva.

A Sin and a Promise

God gave Adam and Eve a wonderful home. They took care of God's world. They talked to God every day. At first they did everything God told them to do. But one day they did not obey God. They thought they knew better than God. After they disobeyed God, Adam and Eve—and all human beings after them—had to live harder lives. When they died, they could not live with God in heaven.

God was so sad about their wrong choice! Then he made a promise to Adam and Eve. "I will send someone to save you from this sin," God said. "Just wait! I will send you a Savior."

Based on Genesis 2:15 and 3:1–20

► Know Our Catholic Belief

Because Adam and Eve did not obey God, we are all born in sin. We are born in **original sin**, inherited from Adam and Eve.

Un mensaje escondido

En esta sopa de letras hay escondido un importante mensaje de Dios. Sigue cuidadosamente las instrucciones. Cuando hayas terminado, lee el mensaje de Dios.

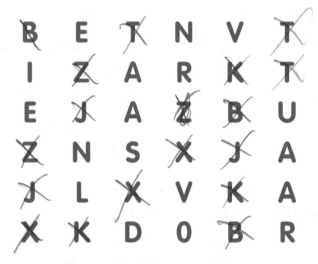

Sigue cuidadosamente cada instrucción:

1. Tacha todas las B.
2. Tacha todas las T.
3. Tacha todas las K.
4. Tacha todas las Z.
5. Tacha todas las J.
6. Tacha todas las X.
7. Escribe en las líneas de abajo cada letra que NO hayas tachado. Escríbelas en orden. ¿Cuál es el mensaje de Dios?

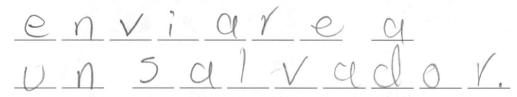

enviare a un salvador.

A Hidden Message

An important message from God is hidden in the box of letters below. Follow the instructions under the box carefully. When you are finished, read God's message.

```
B   I   T   W   I   T
T   Z   L   U   U   L
S   T   J   E   B   N
D   A   Z   X   S   J
J   A   X   V   X   I
X   U   O   B   R   J
```

Follow each instruction carefully.

1. Cross out all the B's.
2. Cross out all the T's.
3. Cross out all the U's.
4. Cross out all the Z's.
5. Cross out all the J's.
6. Cross out all the X's.
7. Copy each letter NOT crossed out onto the lines below. Write them in order. What is the message from God?

___ ___ ___ ___ ___ ___   ___ ___ ___

___ ___ ___ ___ ___ ___ ___

Dios cumplió su promesa

Dios cumplió la promesa que hizo a Adán y a Eva. Dios decidió enviar a su propio Hijo para salvar al pueblo del pecado original.

Había una joven y santa mujer llamada María. Dios le pidió que fuera la madre de su Hijo.

María dijo a Dios que ella sería la madre de Jesús. **Jesus** es Dios Hijo.

La segunda persona de la Santísima Trinidad es Dios Hijo.

Dios es el Padre de Jesús, pero Jesús también necesitaba a un padre adoptivo. María se casó con **José.**

José cuidó de Jesús y de María. Trabajó como carpintero para ganar dinero para su familia. José también enseñó a Jesús a trabajar. Jesús amó y obedeció a su madre y a su padre adoptivo.

> ## Conoce nuestra tradición católica
>
> Llamamos **Sagrada Familia** a la familia formada por Jesús, María y José.

God Kept His Promise

God kept his promise to Adam and Eve. God decided to send his own Son to save people from original sin.

There was a holy young woman named Mary. God asked her to to be the mother of his Son.

She told God she would be the mother of Jesus. **Jesus** is God the Son.

The Second Person of the Holy Trinity is God the Son.

God is the Father of Jesus, but Jesus needed a foster father, too. Mary married **Joseph.**

Joseph took care of Jesus and Mary. He worked as a carpenter to earn money for his family. He taught Jesus to work, too. Jesus loved and obeyed his mother and his foster father.

Know Our Catholic Tradition

We call Jesus, Mary, and Joseph the **Holy Family**.

Crucigrama

Soluciona el crucigrama.

Horizontal

3. Dios prometió enviar a un _____.
4. El Hijo de Dios nos salvó de todos nuestros *pecados*
6. El nombre de Dios Hijo.

Vertical

1. El padre adoptivo del Hijo de Dios trabajó como _____.
2. Ella le dijo a Dios que sería la madre de su Hijo.
5. Dios hizo una promesa a _____ y a Eva.
6. El padre adoptivo del Hijo de Dios.

Crossword Puzzle

Solve the puzzle.

Across

4. God promised to send a _____.
5. God the Son's name.
7. She told God she would be the mother of his Son.

Down

1. The Son of God's foster father worked as a _____.
2. Foster father of the Son of God.
3. The Son of God saved us from all of our _____.
6. God made a promise to _____ and Eve.

Jesús, el Salvador

Cuando Jesús creció, comenzó a enseñar a la gente acerca de Dios, su Padre. Jesús dijo a la gente lo mucho que Dios los ama. Les dijo cómo ser buenos.

Jesús curó a personas que estaban enfermas o que no podían caminar. Jesús tocó a personas que no podían ver o escuchar, y entonces volvieron a ver o a escuchar. ¡Todos querían conocer a Jesús! Pero había algunas personas que no creían que Jesús era el Hijo de Dios. Estas personas hicieron que arrestaran a Jesús y lo clavaran a una cruz para que muriera.

Cuando Jesús murió, él nos salvó de todos nuestros pecados. Jesús cumplió la promesa que Dios había hecho a Adán y a Eva. Para mostrarnos que él es el Hijo de Dios, Jesús no se quedó muerto. Después de tres días, ¡Jesús resucitó de entre los muertos!

> ## Conoce nuestra fe católica
>
> Llamamos **milagros** a las cosas maravillosas que Jesús hizo para curar a las personas. El milagro más grande de Jesús fue su **Resurrección** de entre los muertos.

Jesus the Savior

When Jesus grew up, he began to teach people about God, his Father. He told people how much God loves them. He told them how to be good.

Jesus healed people who were sick or who couldn't walk. He touched people who couldn't see or hear, and they could see or hear again. Everyone wanted to meet Jesus! But there were some people who did not believe Jesus was the Son of God. They had him arrested and nailed on a cross to die.

When Jesus died, he saved us from all our sins. Jesus fulfilled the promise God had made to Adam and Eve. To show us he is God's Son, Jesus did not stay dead. After three days, Jesus rose from the dead.

Know Our Catholic Belief

We call the wonderful things Jesus did to heal people **miracles**. Jesus' greatest miracle was his rising from the dead. We call this his **Resurrection**.

Busca las respuestas

En esta sopa de letras puedes encontrar las palabras que faltan en las frases de abajo. ¡Ten cuidado! Algunas palabras también están escondidas de derecha a izquierda, y otras de abajo a arriba. Traza un círculo alrededor de las palabras que encuentres.

```
J  C  B  G  A  O  A  B  V  V  S  N
A  W  J  Y  E  F  M  V  C  D  P  A
J  B  E  P  A  D  R  E  R  T  J  I
C  U  S  E  V  E  R  Y  U  N  E  S
L  M  U  E  R  T  O  S  Z  E  R  T
F  M  S  T  O  U  C  H  E  D  X  T
K  C  U  U  M  I  L  L  A  S  R  E
R  E  S  U  R  R  E  C  C  I  O  N
H  I  S  T  O  R  I  A  S  Q  Z  S
D  Z  Q  C  O  S  T  E  O  G  C  K
V  C  W  Z  J  S  E  O  M  P  W  X
V  L  Z  X  H  L  L  Y  J  E  U  L
```

1. Jesús enseñó a la gente acerca de Dios, su _____.
2. Dios envió a _____ para que fuera nuestro Salvador.
3. El milagro más grande de Jesús es su _____.
4. Jesús murió en la _____.
5. Jesús resucitó de entre los _____.
6. Jesús caminó muchas _____.
7. Jesús contó a la gente _____ acerca de Dios.

17

Search for the Answers

You can find each missing word from the sentences below hidden in the word box. Be careful! Some words will go from side to side, but others will go from top to bottom. Circle the words.

```
J  C  B  G  A  O  A  B  V  V  S  N
A  W  K  Y  E  F  M  V  U  D  P  A
J  B  A  W  P  K  I  W  O  T  J  I
C  U  J  E  V  E  R  Y  O  N  E  S
L  D  E  A  D  F  A  T  H  E  R  T
F  M  S  T  O  U  C  H  E  D  C  T
K  C  U  U  M  I  L  E  S  A  R  E
R  E  S  U  R  R  E  C  T  I  O  N
S  T  O  R  I  E  S  G  T  Q  S  S
D  Z  Q  C  O  S  T  E  O  G  S  K
V  C  W  Z  J  S  E  O  M  P  W  X
V  L  Z  X  H  L  L  Y  J  E  U  L
```

1. Jesus told people about God, his _____.
2. God sent _____ to be our Savior.
3. Jesus' greatest miracle is his _____.
4. Jesus died on the _____.
5. Jesus rose from the _____.
6. Jesus walked many _____.
7. Jesus told people _____ about God.

17

tarea-Leer

Jesús envía al Espíritu Santo

Dios **Espíritu Santo** es la Tercera Persona de la Santísima Trinidad.

Antes de morir Jesús prometió que enviaría al Espíritu Santo. Cuando Juan el Bautista bautizó a Jesús, el Espíritu Santo descendió sobre Jesús.

Cuando Jesús subió al cielo, sus amigos tuvieron miedo. Se escondieron en una habitación. Un día sopló un viento muy fuerte por toda la habitación. El Espíritu Santo descendió sobre cada persona que estaba en la habitación. Los amigos de Jesús ya no tuvieron miedo. Fueron capaces de enseñar a los demás la buena noticia acerca de Jesús. ¡Estaban llenos del Espíritu Santo!

Basado en los Hechos de los Apóstoles 2:1–8

Conoce nuestra tradición católica

Llamamos **Domingo de Pentecostés** al día en que el Espíritu Santo descendió sobre los amigos de Jesús. ¡Es el "cumpleaños" de la Iglesia!

Jesus Sends the Holy Spirit

God the **Holy Spirit** is the Third Person of the Holy Trinity.

Before he died, Jesus promised he would send the Holy Spirit. When John the Baptist baptized Jesus, the Holy Spirit descended on Jesus.

After Jesus went to heaven, his friends were afraid. They hid in a room. One day, a huge wind blew through the room. The Holy Spirit came upon each person in the room. They were no longer afraid. They were able to teach people the good news about Jesus. They were filled with the Holy Spirit!

Based on Acts of the Apostles 2:1–8

► Know Our Catholic Tradition

We call the day the Holy Spirit came down upon Jesus' friends **Pentecost Sunday**. It is the "birthday of the Church!"

18

Un dibujo escondido

Colorea este vitral usando el código de colores. Descubrirás un dibujo y un nombre. Colorea con los colores que quieras las áreas sin código.

Código para los colores: ✚ = amarillo ✳ = rojo

A Hidden Picture

Color all the spaces, using the coloring code to reveal a picture and name. Color spaces without a code any way you like.

Coloring code: **+** = yellow **∗** = red

El pueblo de Dios

La Iglesia nació cuando el Espíritu Santo sopló en la habitación donde se habían escondido los amigos de Jesús y descendió sobre ellos. Ahora, ¡todos nosotros somos miembros de su Iglesia!

La **Iglesia** es el pueblo de Dios. Dios nos eligió para que seamos su pueblo. Cuando somos bautizados, recibimos el Espíritu Santo.

Jesús es la cabeza de la Iglesia. Jesús vino y nos enseñó acerca de su Padre. Nos enseñó cómo vivir. Murió para salvarnos de nuestros pecados.

Jesús está ahora con nosotros en su Iglesia. Seguimos a Jesús y hacemos lo que nos ha enseñado. Nos amamos los unos a los otros y cuidamos de los demás. Hablamos de Dios a los demás. Les contamos la buena noticia de Jesús.

> **Conoce nuestra fe católica**
>
> Creemos en la Iglesia, que es una, santa, católica y apostólica.
>
> Credo niceno

The People of God

The Church was born when the Holy Spirit blew into the room where Jesus' friends were hidden and came upon them. Now we are all members of his Church!

The **Church** is the people of God. God chose us to be his people. When we are baptized we receive the Holy Spirit.

Jesus is the head of the Church. He came and taught us about his Father. He taught us how to live. He died to save us from our sins.

He is with us now in his Church. We follow Jesus and do what he taught us. We love each other and care for each other. We tell other people about God. We tell them the good news about Jesus.

Know Our Catholic Belief

I believe in one, holy, catholic and apostolic Church.
The Nicene Creed

Somos la Iglesia

Haz un dibujo que ilustre cada frase acerca de la Iglesia de Dios.

Somos bautizados y recibimos el Espíritu Santo.

Oramos juntos.

Seguimos a Jesús y hacemos lo que nos ha enseñado.

Nos amamos los unos a los otros y cuidamos de los demás.

Hablamos con los demás acerca de Dios.

Jesús es la cabeza de la Iglesia.

We Are the Church

Draw a picture to illustrate each statement about God's Church.

We are baptized and receive the Holy Spirit.

We pray together.

We follow Jesus and do what he taught us.

We love each other and care for each other.

We tell other people about God.

Jesus is the head of the Church.

María, los santos y los ángeles

Dios nos ha dado unos amigos especiales en el cielo. Los **ángeles** viven con Dios en el cielo. Dios los envía para que cuiden de nosotros y nos guíen. Cada uno de nosotros tiene un ángel de la guarda. ¿Te acuerdas de la oración a tu ángel de la guarda?

Los **santos** son personas buenas que han fallecido. Los santos, cuando vivían, siguieron a Jesús. Amaban a Dios y servían a la Iglesia. Podemos pedir a los santos que oren a Dios por nosotros.

Nuestra principal amiga en el cielo es nuestra madre, la Virgen **María.** Jesús nos dio a María para que ella fuese nuestra madre. María nos enseña cómo tener fe. Ella nos protege y nos ayuda. María ora a Dios por nosotros. ¿Te acuerdas cómo rezar el Ave María?

Conoce nuestra tradición católica

Nosotros oramos: ". . . Por eso ruego a santa María, siempre Virgen, a los ángeles, a los santos, y a ustedes, hermanos, que intercedan por mi antes Dios, nuestro Señor".

Del acto penitencial de la misa

Mary, Saints, and Angels

God has given us special friends in heaven. **Angels** live with God in heaven. God sends them to watch over us and guide us. Each of us has a guardian angel. Do you remember the prayer to your guardian angel?

Saints are holy people who have died. When they lived on earth, they followed Jesus. They loved God and served the Church. We can ask the saints to pray to God for us.

Our greatest friend in heaven is our mother, **Mary.** Jesus gave us Mary to be our mother. Mary teaches us how to have faith. She watches over us and helps us. She prays to God for us. Do you remember how to pray the Hail Mary?

Know Our Catholic Tradition

We pray, "...I ask blessed Mary ever-Virgin, all the Angels and Saints, and you, my brothers and sisters, to pray for me to the Lord our God." From the Penitential Act of the Mass

Algunos de nuestros amigos especiales del cielo

Estos son dibujos de algunos de los santos.
¿Puedes emparejar cada descripción con el santo
correspondiente? Escribe el nombre o nombres
correspondientes debajo de cada dibujo.

- San Isidro era un labrador que daba comida a los pobres.

- San Joaquín y Santa Ana eran los abuelos de Jesús. Les encantaba jugar con Jesús.

- San Francisco de Asís quería mucho a los animales y a toda la creación.

- Santa Isabel Seton enseñaba a los niños acerca de Dios.

1. Santa Isabel Senton

2. San Francisco

3. San Isidro

4. San Joaquín y Santa Ana

Some of Our Special Friends in Heaven

Here are pictures of some saints. Can you match the picture with the description of each saint? Write the correct name or names under each picture.

- Saint Isidore was a farmer who gave food to the poor.

- Saint Joachim and Saint Ann were Jesus' grandfather and grandmother. They loved to play with him.

- Saint Francis loved animals and all of God's created world.

- Saint Elizabeth Seton taught children about God.

1. _____   2. _____

3. _____   4. _____

23

La vida eterna

Cuando nos muramos nuestros cuerpos dejarán de vivir. ¡Nuestras almas vivirán para siempre! ¿Dónde vivirán nuestras almas?

Dios quiere que todos nosotros vivamos con él para siempre en un lugar de felicidad perfecta. Ese lugar es el **cielo.**

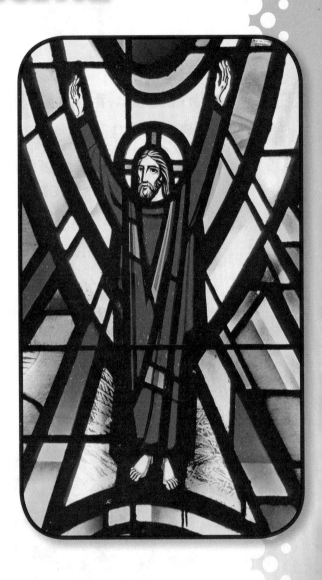

Jesús murió y resucitó de entre los muertos para que nosotros podamos ir al cielo. Dios quiere que vayamos al cielo, pero nos deja elegir. Decidimos vivir con Dios cuando seguimos a Jesús y vivimos vidas buenas.

Dios nos preguntará cómo vivimos nuestra vida.
¿Fuimos buenos?
¿Amamos a Dios?
¿Ayudamos a los demás?
¿Oramos?
Si podemos contestar "sí", entonces Dios nos dará la bienvenida al cielo.

Conoce nuestra tradición católica

Oramos: "Padre nuestro . . . venga a nosotros tu reino, hágase tu voluntad en la tierra como en el cielo".

Life Forever

When we die, our bodies will stop living.
Our souls will live forever!
Where will our souls live?

God wants all of us to live with him forever in a place of perfect happiness called **heaven.**

Jesus died and rose from the dead so we could go to heaven. God wants us to come to heaven, but he lets us choose. We choose to live with God when we follow Jesus and live good lives.

God will ask us how we lived our lives.
Were we good?
Did we love God?
Did we help others?
Did we pray?
If we can answer "yes,"
God will welcome us into heaven.

> ### Know Our Catholic Tradition
>
> We pray, "Our Father . . . thy kingdom come, thy will be done on earth as it is in heaven."

Eligiendo un camino de amor

Nuestro camino al cielo tiene muchas opciones. Podemos elegir amar a Dios y compartir nuestro amor con los demás. Nuestro camino al cielo es un camino de amor que nos lleva a Jesús. Comienza en la flecha y busca las señales que te ayudarán a tomar las decisiones correctas a lo largo del camino. El camino correcto te llevará a la vida con nuestro Dios amoroso.

Choosing a Way of Love

Our way to heaven has many choices. We can choose to love God and to share our love with others. Our path to heaven is a way of love that leads us to Jesus. Start at the arrow and look for signs to help you make choices along the way. The right path will lead to life with our loving God.

La Biblia

La **Biblia** es un libro especial acerca de Dios.
La Biblia es la Palabra de Dios.

La Biblia, de hecho, no es un solo libro.
La Biblia es una colección de muchos libros.

La Biblia está dividida en dos secciones.
La primera sección es el **Antiguo Testamento.**
Los libros del Antiguo Testamentos fueron escritos antes de que Jesús naciera.
Estos libros nos cuentan acerca del pueblo de Dios y de cómo Dios lo guió y cuidó.

La segunda sección es el **Nuevo Testamento.**
Los libros del Nuevo Testamento nos cuentan acerca de Jesús y sus seguidores.
Nos cuentan acerca de la Iglesia primitiva.

> ## Conoce nuestra tradición católica
>
> Durante la misa el proclamador dice: "Palabra de Dios".
> Y nosotros respondemos: "Te alabamos, Señor".

The Bible

The **Bible** is a special book about God.
It is the Word of God.

In fact, the Bible is not really just one book.
It is a collection of many books.

The Bible is divided into two sections. First comes
the **Old Testament.** The books of the
Old Testament were written before Jesus was born.
They tell about God's people and how he led
them and cared for them.

Next comes the **New Testament.**
The books of the New Testament
tell about Jesus and his
followers. They tell about
the early Church.

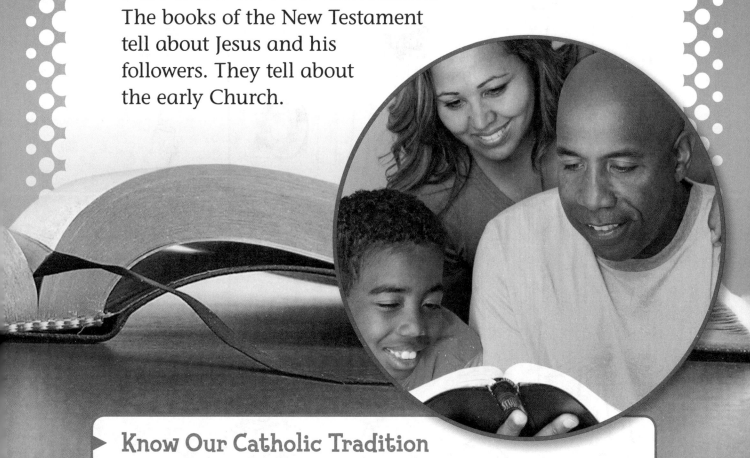

Know Our Catholic Tradition

At Mass the lector says, "The word of the Lord."
We say, "Thanks be to God."

El libro sagrado que leemos los católicos

Decora y colorea la tapa de la Biblia del dibujo. Usa algunos de los símbolos que hay a su alrededor para decorar la tapa, o usa tus propios símbolos.

The Holy Book That Catholics Read

Decorate and color the cover of the Bible below. Use some of the symbols in the border to decorate your cover, or use your own symbols.

Repaso

Responde a cada pregunta con una palabra o palabras del recuadro.

> **La Biblia** **La fe** **La Iglesia** **Jesús**
>
> **El Espíritu Santo** **Crear** **La Santísima Trinidad**

1. ¿Cuál es el regalo que Dios nos da para ayudarnos a creer?

   La fe

2. ¿Cómo llamamos a las tres Personas en un solo Dios?

   La Santísima Trinidad

3. ¿Qué palabra significa "hacer algo de la nada"?

   Crear

4. ¿Quién nos salvó de nuestros pecados?

   Jesús

5. ¿Cómo llamamos al pueblo de Dios?

   La Iglesia

6. ¿A quién envió Jesús después de subir al cielo?

   El espíritu santo

7. ¿Qué libro contiene la Palabra de Dios?

   La Biblia

Review

Answer each question with a word or words from the box.

> **Bible**   **faith**   **the Church**   **Jesus**
>
> **the Holy Spirit**   **create**   **the Holy Trinity**

1. What is the gift God gives us to help us believe?

   Faith

2. What do we call the three persons in one God?

   the Holy Trinity

3. What word means "to make something out of nothing"?

   Create

4. Who saved us from our sins?

   Jesus

5. What do we call the people of God?

   The church

6. Who did Jesus send after he went to heaven?

   the Holy spirit

7. What book contains the Word of God?

   Bible

Nuestras celebraciones católicas

¿Cómo celebramos nuestra fe los católicos?

Quizá ya hayas aprendido algo acerca de algunos de los sacramentos.

A lo mejor ya has comenzado a entender la misa y a conocer los diferentes objetos y acciones que usamos en la iglesia.

En estas páginas aprenderás más acerca de cómo los católicos ofrecemos culto a Dios.

Leerás más acerca de los sacramentos.

Aprenderás acerca de la misa.

Our Catholic Celebrations

How do we Catholics celebrate our faith?

You may have already learned about some of the sacraments.

You may have begun to understand the Mass and to know about the objects and actions we use in church.

In these pages, you will find out more about how we Catholics worship God.

You will read more about the sacraments.

You will learn about the Mass.

Los siete sacramentos

Jesús nos dio siete maneras especiales de compartir la vida de Dios: los siete sacramentos. En cada sacramentos recibimos la **gracia,** la vida de Dios, de una manera especial.

En el **Bautismo,** Jesús nos borra el pecado original y nos da una vida nueva como hijos de Dios.

En la **Confirmación,** Jesús nos fortalece con los dones del Espíritu Santo.

En la **Eucaristía,** Jesús nos alimenta con su Cuerpo y su Sangre.

En la **Reconciliación,** Jesús nos perdona cuando hemos hecho algo malo.

En la **Unción de los enfermos,** Jesús nos fortalece cuando estamos enfermos.

En el sacramento del **Orden sacerdotal,** Jesús da a la Iglesia sacerdotes, diáconos y obispos para que sirvan y guíen al pueblo de Dios.

En el **Matrimonio,** Jesús da a la Iglesia familias nuevas cuando hombres y mujeres se convierten en esposos y esposas, y comparten sus vidas juntos.

¿Has celebrado ya alguno de los sacramentos?

> ## Conoce nuestra fe católica
>
> Un **sacramento** es un signo del amor de Dios que nos da Jesús para que podamos recibir la gracia de Dios.

The Seven Sacraments

Jesus gave us seven special ways to share God's life. They are the seven sacraments. In each sacrament, we receive **grace**—God's life—in a special way.

In **Baptism,** Jesus takes away original sin, gives us new life as children of God.

In **Confirmation**, Jesus makes us strong with the gifts of the Holy Spirit.

In **Eucharist,** Jesus feeds us with his Body and Blood.

In **Reconciliation**, Jesus gives us forgiveness when we have done wrong.

In **Anointing of the Sick,** Jesus strengthens us when we are sick.

In **Holy Orders,** Jesus gives the Church priests, deacons, and bishops to serve and lead the people of God.

In **Matrimony,** Jesus gives the Church new families as men and women become husbands and wives and share their lives together.

Have you already celebrated any of the sacraments?

Know Our Catholic Belief

A **sacrament** is a sign of God's love, given to us by Jesus so that we can receive grace.

30

Dios nos da su gracia

Elije qué sacramento corresponde a la persona que se describe a continuación. Escribe en cada línea el sacramento correspondiente.

> **Bautismo   Eucaristía   Reconciliación   Matrimonio**
> **Orden sacerdotal   Confirmación   Unción de los enfermos**

1. La familia Arias tiene un nuevo bebé.
    Bautismo

2. Jorge quiere recibir el Cuerpo de Jesús.
    Eucaristía

3. Miguel quiere ser sacerdote.
    Orden sacerdotal

4. Angélica y Fernando se quieren casar.
    Matrimonio

5. La señora Díaz está muy enferma.
    Uncion de los enfermos

6. A Samuel le gustaría no haberse comportado mal.
    Reconciliacion

7. Santiago recibe los dones del Espíritu Santo.
    Confirmacion

God Gives Us Grace

Choose which sacrament each person below needs.
Write the name of the sacrament.

> **Baptism   Eucharist   Reconciliation   Matrimony**
> **Holy Orders   Confirmation   Anointing of the Sick**

1. The Arias have a new baby.

   _____

2. Jorge wants to receive Jesus' body.

   _____

3. Miguel wants to be a priest.

   _____

4. Angélica and Fernando want to get married.

   _____

5. Mrs. Díaz is very ill.

   _____

6. Samuel wishes he hadn't misbehaved.

   _____

7. Santiago receives the gifts of the Holy Spirit.

   _____

El Bautismo

El Bautismo es el primer sacramento. Algunas personas fueron bautizadas cuando eran bebés. Otras cuando eran niños mayores o adultos. ¿Cuántos años tenías tú?

El día de tu Bautismo un sacerdote o diácono preguntó: "¿Qué piden a la Iglesia de Dios para este niño?". "Queremos el Bautismo para nuestro hijo", respondió tu familia.

El sacerdote o el diácono usó un aceite especial para hacerte fuerte. Usó agua para bautizarte a la vez que decía tu nombre. Quizás derramó agua sobre tu cabeza o a lo mejor te sumergió en el agua. Pregúntale a tu familia cómo fuiste bautizado.

Después se usó otro aceite especial para bendecirte. Te dieron un vestido blanco para recordarte que te habías "vestido de **Cristo**". Te dieron una vela especial para recordarte que lleves la luz de Cristo contigo durante toda tu vida.

Conoce nuestra tradición católica

En el Bautismo el sacerdote o diácono dijo: "Yo te bautizo en el nombre del Padre, y del Hijo, y del Espíritu Santo". Recordamos esto cada vez que hacemos la señal de la cruz con el **agua bendita**.

Baptism

Baptism is the first sacrament. Some people were baptized when they were babies. Others were older children or adults. How old were you?

On your Baptism day, a priest or deacon asked, "What do you ask of God's Church for this child?" "We want Baptism for our child," your family said."

The priest or deacon used a special oil to make you strong. He used water to baptize you as he said your name. He might have poured the water on your head, or he might have put you into the water. Ask your family how you were baptized.

Then another special oil was used to bless you. You were given a special white garment to remind you to "put on **Christ.**" You got a special candle to remind you to take the light of Christ with you all through your life.

Know Our Catholic Tradition

At Baptism, the priest or deacon says, "I baptize you in the name of the Father, and of the Son, and of the Holy Spirit." We remember this each time we make the Sign of the Cross with **holy water.**

El día del Bautismo

Esta familia ha llevado a su bebé a la iglesia.
Sigue los pasos de abajo para recordar lo que
sucede en el Bautismo.

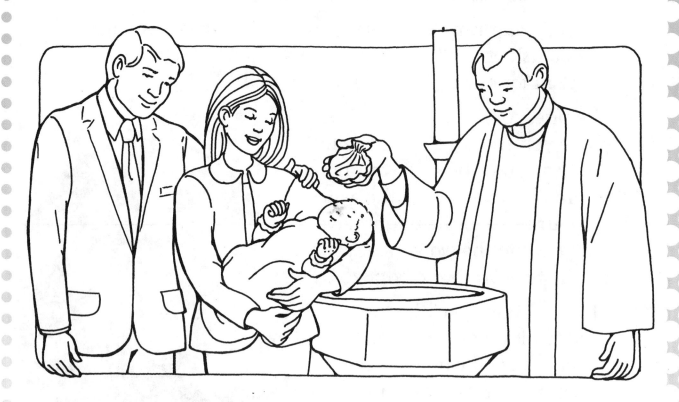

1. Usa un crayón amarillo para dibujar una crucecita
   en la frente del bebé.
2. Usa un crayón azul para dibujar el agua cayendo
   de la concha que está sujetando el sacerdote.
3. Usa un crayón amarillo para dibujar una crucecita
   en el vestido blanco que lleva puesto el bebé.
4. Usa un crayón rojo para dibujar una llama en la
   vela. A continuación colorea el resto del dibujo
   como quieras.

Baptism Day

This family has brought their baby to church. Follow the steps below to remember what happens at Baptism.

1. Use a yellow crayon to draw a tiny cross on the baby's forehead.
2. Use a blue crayon to draw water pouring from the shell the priest is holding.
3. Use a green crayon to draw a small cross on the front of the baby's white garment.
4. Use a red crayon to draw a flame on the candle. Then color the rest of the drawing any way you like.

La Eucaristía

Jesús, la noche antes de morir, cenó con sus amigos por última vez.

Mientras comían Jesús sorprendió a sus amigos. Durante esta cena Jesús dijo e hizo algo nuevo.

Jesús tomó un pedazo de pan y lo bendijo. Lo rompió y dio un trocito a cada persona diciendo: "Esto es mi Cuerpo". Después tomó una copa de vino y la bendijo. Pidió a cada amigo que bebiera de ella y dijo: "Esta es mi Sangre". A continuación les dijo: "Hagan esto en conmemoración mía".

Basado en Lucas 22:14–20

Jesús, durante su Última Cena, nos dio de comer su Cuerpo y beber su Sangre bajo las apariencias de pan y vino.

El pan y el vino son signos sacramentales que se convierten verdaderamente en el Cuerpo y la Sangre de Cristo cuando el sacerdote los consagra. Este sacramento es la Sagrada Eucaristía.

La Eucaristía es el más importante de todos los sacramentos. Recibimos la Eucaristía durante una celebración a la que llamamos "misa".

Conoce nuestra fe católica

Jesús dijo: "Quien coma mi Cuerpo y beba mi Sangre vivirá para siempre".

Basado en Juan 6:54

Eucharist

On the night before he died, Jesus ate supper with his friends one last time.

While they were eating, Jesus surprised his friends. He said and did something new at this supper.

Jesus took a piece of bread and blessed it. He broke it and gave some to each person and said, "This is my Body." Then he took a cup of wine and blessed it. He asked each friend to drink some of it and said, "This is my Blood." Then Jesus told them, "Do this in memory of me."

Based on Luke 22:14–20

At his Last Supper, Jesus gave us his Body and Blood to eat in the form of bread and wine.

The bread and wine are sacramental signs that become the Body and Blood of Jesus when the priest consecrates them. This sacrament is the Holy Eucharist.

The Eucharist is the most important sacrament of all. We receive the Eucharist at a celebration called the Mass.

Know Our Catholic Belief

Jesus said, "Whoever eats my Body and drinks my Blood will live forever."

Based on John 6:54

Celebramos

Colorea el vitral de esta página. Usa colores brillantes, pero colorea de amarillo las áreas marcadas con un ●. Al terminar observa el vitral y la palabra que descubrirás en él.

We Celebrate

Color the stained glass window below. Use bright colors. But color all the pieces of glass marked with a ● yellow. See what picture and words you find.

Una comida y un sacrificio

Cada vez que vamos a **misa** compartimos una comida. Recordamos cómo Jesús nos dio pan y vino durante la Última Cena para que se convirtieran en su Cuerpo y Sangre.

Cada vez que vamos a misa también recordamos que Jesús murió en la cruz. Jesús entregó su Cuerpo y su Sangre para salvarnos del pecado. La misa conmemora el sacrificio de Jesús.

Durante la misa nos reunimos con nuestra familia y con otros miembros de la Iglesia para recordar y celebrar lo mucho que nos quiere Jesús.

Durante la misa escuchamos historias de la Biblia. Cantamos y oramos juntos. El sacerdote consagra el pan diciendo: "Esto es mi Cuerpo". El sacerdote consagra el vino diciendo: "Esta es mi Sangre". Nuestra fe nos dice que el pan y el vino se convierten verdaderamente en el Cuerpo y la Sangre de Jesús.

> ## Nuestra tradición católica
>
> Cuando recibimos la Sagrada Eucaristía el sacerdote, el diácono o el ministro extraordinario de la Eucaristía nos dice: "El Cuerpo de Cristo". Nosotros contestamos: "Amén".

A Meal and a Sacrifice

Each time we go to **Mass,** we share a meal. We remember how Jesus gave us bread and wine to be his Body and Blood at his Last Supper.

Each time we go to Mass, we also remember that Jesus died on the cross. He gave up his Body and Blood to save us from sin. The Mass recalls Jesus' sacrifice.

At Mass, we join with our families and other members of the Church to remember and celebrate how much Jesus loves us.

We listen to stories from the Bible. We sing and pray together. The priest consecrates the bread and says, "This is my Body." He consecrates the wine and says, "For this is the chalice of my Blood." Our faith tells us that the bread and wine are the Body and Blood of Christ.

Know Our Catholic Tradition

When we receive the Holy Eucharist, the priest, deacon, or Extraordinary Minister of Holy Communion says, "The Body of Christ." We answer, "Amen."

El sacrificio de Jesús

¿Cuál de las dos ilustraciones de estas páginas muestra la **comida** que recordamos durante la misa?

¿Cuál de las dos ilustraciones muestran el **sacrificio** de Jesús?

Escribe la palabra correcta en la línea debajo de cada ilustración. A continuación, colorea los dibujos.

Jesus' Sacrifice

Which of the pictures in these two pages shows the **meal** we remember at Mass?

Which one shows Jesus' **sacrifice**?

Write the correct word on the line below each picture. Then color the pictures.

¿Qué hacemos durante la misa?

Durante la misa recitamos o cantamos muchas oraciones.

A menudo nuestras oraciones de la misa son una conversación entre el sacerdote y la congregación:

El sacerdote dice: "Señor, ten piedad".
Nosotros contestamos: "Señor, ten piedad".
El sacerdote dice: "El Señor esté con ustedes".
Nosotros contestamos: "Y con tu espíritu".
Varias veces contestamos: "Amén".
"Amén" quiere decir: "¡Sí! ¡Lo creemos!".

Nuestras acciones en la Iglesia también tienen significado.

Hacemos una **genuflexión** al bajar una rodilla hasta el suelo en frente del sagrario, o tabernáculo, para demostrar nuestra fe en la Eucaristía. Nos ponemos de pie para escuchar las historias acerca de Jesús que narran los Evangelios y demostrar nuestro respeto y atención. Juntamos las manos como signo de oración. Hacemos la señal de la cruz cuando el sacerdote nos bendice.

Conoce nuestra tradición católica

Durante la misa recitamos o cantamos con los ángeles y los santos: "Santo, santo, santo es el Señor, Dios del universo. Llenos están el cielo y la tierra de tu gloria. ¡Hosanna en el cielo! Bendito el que viene en nombre del Señor. ¡Hosanna en el cielo!".

What Do We Do at Mass?

There are many prayers we say or sing at Mass.

Often our Mass prayers are a conversation between the priest and the people.

The priest says, "Lord, have mercy."
We say, "Lord, have mercy."
The priest says, "The Lord be with you."
We answer, "And with your spirit."
Often we say, "Amen!"
This means, "Yes! We believe this!"

Our actions in Church have meaning, too.

We **genuflect** on one knee in front of the tabernacle to show our faith in the Eucharist. We stand as we listen to stories about Jesus from the Gospels to show our respect and attention. We fold our hands as a sign of prayer. We make the Sign of the Cross when Father blesses us.

Know Our Catholic Tradition

At Mass, we pray or sing with all the angels and saints: Holy, Holy, Holy Lord God of hosts. Heaven and earth are full of your glory. Hosanna in the highest. Blessed is he who comes in the name of the Lord. Hosanna in the highest.

Durante la misa

Identifica cada oración o acción de la columna izquierda con las palabras correspondientes en la columna derecha. Traza una línea para unir las parejas.

"Y con tu espíritu".

Genuflexión

Hacer la señal de la cruz

Ponerse de pie

"Amén".

Juntar las manos

- **Cuando el sacerdote nos bendice**

- **Para demostrar respeto al escuchar el Evangelio**

- **"¡Sí! ¡Lo creemos!".**

- **"El Señor esté con ustedes".**

- **Arrodillarnos con una sola rodilla en frente del sagrario o tabernáculo**

- **Un signo de que estamos orando.**

At Mass

Match the prayers or actions in the left column with the words in the right column that fit with them. Draw lines to connect the pairs.

"And with your spirit." •

Genuflect •

Make the Sign of the Cross •

Stand •

"Amen." •

Fold our hands •

• When Father blesses us

• To show respect when we listen to the Gospel

• "Yes! We believe this!"

• "The Lord be with you."

• Bend one knee when we are in front of the tabernacle

• A sign of prayer

39

Objetos de la iglesia

Las pinturas y estatuas de una iglesia nos recuerdan a Jesús, a María y a los santos. El Via Crucis son estatuas o cuadros que nos cuentan la historia de la muerte de Jesús.

Las velas nos recuerdan que Jesús es la Luz del mundo. La vela más grande es el Cirio Pascual.

Durante la misa el sacerdote bendice el pan y el vino sobre una mesa especial llamada **altar.** Usa un plato llamado **patena** y una copa llamada **cáliz.**

Después de la misa, la Sagrada Eucaristía se guarda en el sagrario o tabernáculo. Junto al sagrario hay una vela especial, la **lámpara del sagrario,** que se mantiene siempre prendida para recordarnos que Jesús está ahí.

vestiduras

vestments

Conoce nuestra tradición católica

¿Te has dado cuenta alguna vez de las vestiduras de colores que viste el sacerdote? Es posible que el altar tenga un mantel del mismo color. El verde es el color para el Tiempo Ordinario. El morado para los tiempos de **Cuaresma** y de **Adviento**. El blanco es para días de fiesta especiales. El rojo es para fiestas del Espíritu Santo o de santos que murieron por la fe.

Church Objects

Pictures and statues in church remind us of Jesus, Mary, and the saints. The Stations of the Cross are statues or pictures that tell the story of Jesus' death.

Candles remind us that Jesus is the Light of the World. The largest is the Easter Candle, or Paschal Candle.

At Mass, the priest blesses the bread and wine at a special table called the **altar.** He uses a plate called a **paten** and a cup called a **chalice.**

After Mass, the Holy Eucharist is kept in the tabernacle. A special **sanctuary candle,** or **lamp,** is kept lit near the tabernacle to remind us that Jesus is there.

▶ Know Our Catholic Tradition

Have you noticed the colored vestments the priest wears? The altar might have a cloth on it of the same color. Green is the color for Ordinary Time. Violet is for the seasons of **Lent** and **Advent.** White is for special feast days. Red is for feasts of the Holy Spirit or saints who died for their faith.

Cosas que vemos en la iglesia

Resuelve el crucigrama.

Horizontales

3. La copa que el sacerdote usa durante la misa.
6. El plato que el sacerdote usa durante la misa.

Verticales

1. El Via _____ cuenta la historia de la muerte de Jesús.
2. El color que se usa para la Cuaresma y el Adviento.
4. La mesa que el sacerdote usa durante la misa.
5. Esta cosa nos recuerda que Jesús es la Luz del mundo.

Things We See at Church

Solve the puzzle.

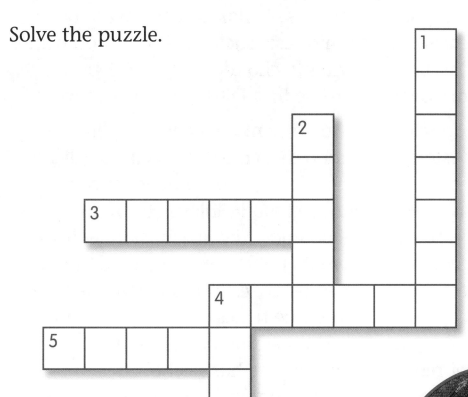

Across

3. The color used for Lent and Advent.
4. This reminds us that Jesus is the Light of the World.
5. The table that the priest uses at Mass.

Down

1. The cup that the priest uses at Mass.
2. The plate that the priest uses at Mass.
4. The Stations of the _____ tell the story of Jesus' death.

La Reconciliación

La Reconciliación es otro de los sacramentos que nos ha dado Jesús. También se le llama sacramento de la Penitencia. Necesitamos este sacramento cuando hemos pecado, cuando hemos hecho algo malo. Celebramos este sacramento para pedir a Dios que nos perdone.

Cuando celebras el sacramento de la Reconciliación debes estar arrepentido de lo que has hecho. Le dices tus pecados a un sacerdote que te escucha en nombre de Jesús y en nombre de toda la Iglesia. Primero pides al sacerdote que te bendiga y a continuación le dices tus pecados. El sacerdote habla contigo y te asigna una **penitencia.** Una penitencia es una oración que tienes que recitar o una obra que tienes que realizar para demostrar que estás arrepentido de tus pecados y hacer reparación por lo que has hecho. La penitencia la tendrás que hacer o recitar más tarde, así que tendrás que acordarte de ella.

A continuación orarás el **Acto de contrición** para decir que estás arrepentido de tus pecados y que intentarás ser mejor de ahora en adelante.

El sacerdote te bendice con una oración especial llamada **absolución.** Te puedes marchar en paz porque Dios te ha perdonado.

> ## Conoce nuestra tradición católica
>
> Oramos: "Oh, Dios mío, estoy arrepentido de mis pecados. Por favor, perdóname. Intentaré ser mejor de ahora en adelante".

Reconciliation

Reconciliation is another sacrament Jesus has given us. It is sometimes called Penance. This is the sacrament we need when we have sinned, when we have done something wrong. We celebrate this sacrament to ask God to forgive us.

When you celebrate the sacrament of Reconciliation, you must be sorry for what you have done. You tell your sins to a priest who listens to your sins in the name of Jesus and in the name of the whole Church. First you ask the priest to bless you, and then you tell him what you have done wrong. He talks to you and gives you a **penance.** A penance is a prayer to say or an action to do to show you are sorry for your sins and to make up for your sins. Our penance is to say or do later, so you need to remember it.

Then you pray an **Act of Contrition** to say you are sorry and will try to do better from then on.

The priest blesses you with a special prayer called **absolution.** You can go in peace because God has forgiven you.

Know Our Catholic Tradition

We pray, "Oh my God, I am sorry for my sins. Please forgive me. I will try to do better from now on."

42

Celebrando la Reconciliación

Las frases que siguen a continuación indican cómo celebrar el sacramento de la Reconciliación, pero no están en el orden correcto. Escribe un número en cada recuadro de colores para indicar el orden en que debería estar cada acción.

El sacerdote te da una bendición llamada absolución.

Le pides al sacerdote que te bendiga y luego le dices tus pecados.

Oras el Acto de contrición.

Te puedes marchas en paz e intentas ser mejor de ahora en adelante.

El sacerdote habla contigo y te asigna una penitencia.

Celebrating Reconciliation

The sentences below tell how to celebrate the sacrament of Reconciliation. But they are not in the correct order. Put a number in the small box in front of each sentence to show in what order we should do each action.

The priest gives you a blessing called absolution.

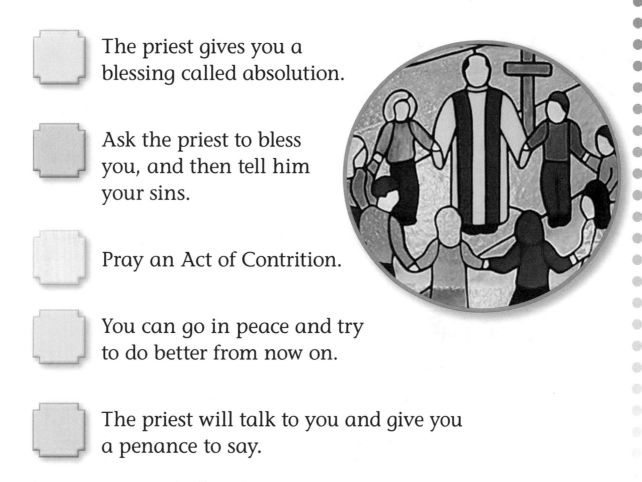

Ask the priest to bless you, and then tell him your sins.

Pray an Act of Contrition.

You can go in peace and try to do better from now on.

The priest will talk to you and give you a penance to say.

Repaso

Completa cada frase usando una de las palabras del recuadro.

altar	Bautismo	Sangre
Cuerpo	cáliz	misa

1. El _____ es el sacramento que nos hace hijos de Dios.

   _____

2. El pan que se consagra durante la Eucaristía se convierte en el _____ de Cristo.

   _____

3. El vino que se consagra durante la Eucaristía se convierte en la _____ de Cristo.

   _____

4. Recibimos la Eucaristía durante la celebración de la _____.

   _____

5. El sacerdote usa una mesa especial llamada _____.

   _____

6. El sacerdote usa una copa especial llamada _____.

   _____

Review

Complete each sentence with a word from the box.

altar	Baptism	Blood
Body	chalice	Mass

1. _____ is the sacrament that makes us children of God.

_____

2. The bread of the Eucharist becomes the _____ of Christ.

_____

3. The wine of the Eucharist becomes the _____ of Christ.

_____

4. We receive the Eucharist at _____.

_____

5. The priest uses a special table called a _____.

_____

6. The priest uses a special cup called a _____.

_____

44

Vivimos nuestra vida en Cristo

¿Cómo vivimos nuestra fe los católicos?
¿Cómo sabemos lo que está bien?
¿Cómo amamos a Dios y a las personas
que nos rodean?

En estas páginas aprenderás más acerca de
las leyes de Dios, los Diez Mandamientos.

Aprenderás acerca del pecado y acerca de elegir
hacer lo que está bien o lo que está mal.

We Live Our Life in Christ

How do we Catholics live our faith?
How do we know what is right?
How do we love God and the people around us?

In these pages you will learn more about God's laws, the Ten Commandments.

You will learn about sin and about choosing to do right or wrong.

Los Mandamientos de Dios

Existen dos Mandamientos Principales que nos ha dado Dios. Estos son el de amar a Dios con todo tu corazón, con toda tu alma, con toda tu mente y toda tu fuerza, y el de amar a los demás como te amas a ti mismo.

Dios nos dijo cómo cumplir estos dos Mandamientos Principales al darnos los Diez Mandamientos, los cuales nos ayudan a saber lo que tenemos que hacer.

Los tres primeros mandamientos nos dicen cómo amar a Dios con todo nuestro corazón, nuestra alma, nuestra mente y nuestra fuerza.

Los siete últimos mandamientos nos dicen cómo amar a los demás de la misma manera que nos amamos a nosotros mismos.

Cuando conocemos estos mandamientos sabemos cómo ser buenos. Podemos amar a Dios. Podemos amar a los demás. Podemos amarnos a nosotros mismos.

Cuando cumplimos los mandamientos podemos ser felices.

Conoce nuestra fe católica

Jesús dijo: "Ámense los unos a los otros como yo los he amado".

Basado en Juan 13:34

God's Commandments

There are two Great Commandments from God. They are Love God with all your heart, soul, mind, and strength, and Love other people as you love yourself.

God told us how to keep these two Great Commandments by giving us the Ten Commandments to help us know what to do.

The first three commandments tell us how to love God with all our hearts, souls, minds, and strength.

The last seven commandments tell us how to love other people the way we love ourselves.

When we know these commandments, we know how to be good.
We can love God.
We can love other people.
We can love ourselves.

When we keep the commandments, we can be happy.

Knowing Our Catholic Belief

Jesus said, "Just as I have loved you, you also should love one another."

John 13:34

46

Cumpliendo los mandamientos del amor de Dios

Lee las historias que siguen a continuación. Si la persona de la historia está cumpliendo el primer Mandamiento Principal, el de amar a Dios, entonces escribe un número 1 en la línea. Si la persona está cumpliendo el segundo Mandamiento Principal, el de amar a los demás, escribe un número 2.

Jaime se arrodilla junto a la cama para orar cada noche. ___1___

Marcos da de comer a su hermanita. ___2___

Pedro y María ayudan a su mamá a poner la mesa. ___2___

Emilia va a misa todos los domingos. ___1___

Ana María le da a Carmen uno de sus dulces de cumpleaños. ___2___

Sara alaba a Dios por el mundo tan bonito. ___1___

Following God's Commandments of Love

Read the stories below. If the person in the story is keeping the first Great Commandment, to love God, write a 1 on the line. If the person is keeping the second Great Commandment, to love other people, write a 2.

Jaime kneels by his bed to say his prayers each night. _____

Marcos gives his baby sister her dinner. _____

Pedro and Maria help Mom set the table. _____

Emilia goes to Mass every Sunday. _____

Ana María gives Carmen one of her birthday treats. _____

Sara praises God for the beautiful world. _____

47

Amamos y honramos a Dios

Los tres primeros mandamientos nos dicen cómo amar y honrar a Dios.

El Primer Mandamiento es:
Yo soy el Señor, tu Dios.
No tendrás otros dioses
además de mí.
Debemos creer en un solo Dios.
No debemos ni honrar ni amar
a nadie ni a nada más que a Dios.

El Segundo Mandamiento es:
No tomarás el nombre del Señor, tu Dios, en vano.
Pronunciamos el nombre de Dios con amor y honor.
Nunca decimos el nombre de Dios enojados
o de mala manera. No decimos palabras feas.

El Tercer Mandamiento es:
Acuérdate de celebrar como
santo el Día del Señor.
Vamos a misa cada sábado
por la noche o cada domingo.
Hacemos que el domingo
sea un día especial de oración y descanso.

> **Conoce nuestra tradición católica**
>
> Los cristianos celebran el domingo como el Día del Señor porque Jesús resucitó de entre los muertos la mañana del Domingo de **Pascua**.

We Love and Honor God

The first three commandments tell us how to love and honor God.

The First Commandment is
 I am the Lord your God:
 You shall not have strange Gods before me.
We shall believe in one God.
We shall not honor or love anyone or anything more than God.

The Second Commandment is
 You shall not take the name of the
 Lord your God in vain.
We speak God's name with love and honor. We never say God's name in anger or in any wrong way. We do not speak bad words.

The Third Commandment is
 Remember to keep holy the
 Lord's Day.
We go to Mass each Saturday evening or Sunday. We make Sunday a special day of prayer and rest.

Know Our Catholic Tradition

Christians keep Sunday as the Lord's Day because Jesus rose from the dead on **Easter** Sunday morning.

Palabras desordenadas

Ordena las letras de estas palabras y escríbelas en las líneas que les correspondan en cada frase.

taosn
Santo

ovna
vano

soort
otros

rñeSo
Señor

tdaeércuA
Acuerdate

beromn
nombre

Yo soy el _s e ñ o r_ , tu Dios:

No tendrás _e t r o s_ dioses además de mí.

No tomarás el _n o m b r e_ del Señor, tu Dios, en _v a n o_ .

_A c u e r d a t e_

de celebrar como _s a n t o_ el Día del Señor.

Word Scramble

Unscramble these words and put them in the correct blanks in the sentences below.

oyhl   inva   rgatens

roLd   breemeRm   aenm

I am the ___ ___ ___ ___ your God:

You shall not have ___ ___ ___ ___ ___ ___ ___ gods before me.

You shall not take the ___ ___ ___ ___ of the Lord

your God in ___ ___ ___ ___.

___ ___ ___ ___ ___ ___ ___ ___ to keep

___ ___ ___ ___ the Lord's Day.

Amando a los demás

Los siete últimos mandamientos nos enseñan a cómo amar a los demás y a nosotros mismos.

El Cuarto Mandamiento es:
   Honra a tu padre y a tu madre.
¿Cómo los honramos? Los obedecemos. Los ayudamos. Los respetamos.

El Quinto Mandamiento es: No matarás. No herimos ni a los demás ni a nosotros mismos.

El Sexto Mandamiento es: No cometerás actos impuros. Tratamos con respeto a nuestro cuerpo y el cuerpo de los demás.

El Séptimo Mandamiento es: No robarás. No tomamos lo que no nos pertenece.

El Octavo Mandamiento es: No darás falso testimonio. No mentimos.

El Noveno Mandamiento es: No codiciarás la mujer de tu prójimo. Las personas casadas se son fieles.

El Décimo Mandamiento es: No codiciarás las cosas que pertenecen a tu prójimo. No tenemos celos de las cosas que tienen otras personas.

Conoce nuestra tradición católica.

Durante su Última Cena Jesús dijo: "Les doy un nuevo mandamiento, que se amen los unos a los otros".

Basado en Juan 13:34–35

Loving Other People

The last seven commandments tell us how to love other people and ourselves.

The Fourth Commandment is
Honor your father and
your mother.
How do we honor them?
We obey. We help.
We show respect.

Fifth: You shall not kill. We do not harm ourselves or others.

Sixth: You shall not commit adultery. We treat our own bodies and the bodies of others with respect.

Seventh: You shall not steal. We do not take what does not belong to us.

Eighth: You shall not bear false witness against your neighbor. We do not lie.

Ninth: You shall not covet your neighbor's wife. Married people are faithful to each other.

Tenth: You shall not covet anything that belongs to your neighbor. We are not jealous of what other people have.

▶ Know Our Catholic Tradition

At his Last Supper, Jesus said, "I give you a new commandment, that you love one another."

John 13:34–35

Amar a los demás como me amo a mí mismo

Resuelve el crucigrama.

Horizontal

1. El Quinto Mandamiento dice que no debemos _____ a nadie.
3. Cumplimos el Cuarto Mandamiento cuando _____. Esto quiere decir que hacemos lo que nos piden que hagamos.
4. El Cuarto Mandamiento nos dice que tenemos que _____ a nuestro padre y a nuestra madre.

Vertical

1. Debo amar a los demás tanto como me amo a mí _____.
2. El Séptimo Mandamiento dice que no debemos _____.

Loving Others as Myself

Solve the puzzle.

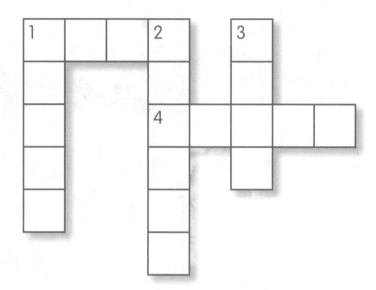

Across

1. The Fifth Commandment says we do not _____ others.
4. The Seventh Commandment says we do not _____.

Down

1. The Fourth Commandment says to _____ your father and mother.
2. I love other people as much as I love _____.
3. We keep the Fourth Commandment when we _____. This means to do as we are told.

Cuando no amamos

Tenemos los Diez Mandamientos para ayudarnos a saber las cosas buenas que tenemos que hacer.

Las historias de la vida de Jesús, de la Virgen María y de los santos nos muestran la forma de vivir correctamente.

¿Cómo vamos a vivir? ¿Haremos lo que está bien o lo que está mal? Cada uno de nosotros tiene que decidir.

Dios quiere que decidamos amar. Pero si no amamos a Dios, si no amamos a los demás, si no nos amamos a nosotros mismos, entonces estamos decidiendo pecar.

Pecar es alejarse del amor de Dios. Pecar es elegir hacer algo malo en lugar de amar.

Cuando pecamos, Dios siempre nos llama para que regresemos a él. Le podemos pedir a Dios que nos perdone. Podemos regresar de nuevo a Dios.

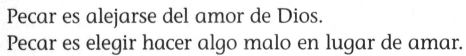

Conoce nuestra tradición católica

Durante la Cuaresma recordamos especialmente nuestros pecados al prepararnos para la historia de la muerte y Resurrección de Cristo. Oramos: "Señor Jesucristo, Hijo de Dios, ten piedad de mí, un pecador".

When We Fail To Love

We have the Ten Commandments to help us know the right things to do.

We have stories of the lives of Jesus, Mary, and the saints to show us the right way to live.

How will we live?
Will we do right or wrong?
Each of us must choose.

God wants us to choose to love.
But if we do not love God,
if we do not love other people,
if we do not love ourselves,
we are choosing to sin.

Sin is turning away from God's love. Sin is choosing to do wrong instead of choosing to love.

When we sin, God always calls us to come back to him.
We can ask God to forgive us.
We can turn back to God again.

Know Our Catholic Tradition

During Lent, we especially remember our sins as we prepare for the story of Christ's death and Resurrection. We pray, "Lord Jesus Christ, Son of God, have mercy on me, a sinner."

Eligiendo amar

Mira cada una de las escenas de esta página.
Colorea los dibujos que muestren a alguien que haya
elegido amar. Tacha los dibujos en los que alguien se
esté portando mal. No colorees esos dibujos.

Choosing to Love

Look at the scenes below. Color the pictures where someone is choosing to love. Put an X through the pictures where someone is choosing to sin, and do not color those pictures.

Repaso

Completa cada frase con la palabra o palabras del recuadro.

Mandamientos	**Dios**	**honramos**
demás	**domingo**	

1. Dios nos ha dado dos ____ Principales.

   mandamientos

2. Los tres primeros de los Diez Mandamientos nos dicen cómo amar y honrar a ____.

   Dios

3. Los siete últimos de los Diez Mandamientos nos dicen que tenemos que amar a los ____ como nos amamos a nosotros mismos.

   Demas

4. Hacemos que el ____ sea un día especial de oración y descanso.

   domingo

5. Nosotros ____ a nuestros padres y madres cuando los obedecemos, los ayudamos y los respetamos.

   honramos

Review

Complete each sentence with a word or words from the box.

> **Commandments**   **God**   **honor**
>
> **other people**   **Sunday**

1. There are two Great ___ from God.
   Comandments

2. The first three of the Ten Commandments tell us how to love and honor ___.
   God

3. The last seven of the Ten Commandments tell us how to love ___ as we love ourselves.
   Other people

4. We make ___ a special day of prayer and rest.
   Sunday

5. We ___ our parents when we obey, help, and respect them.
   honor

Los católicos oramos

¿Cómo hablamos con Dios los católicos?
¿Cómo oramos cuando nos reunimos?
¿Cómo oramos cuando estamos solos?

Tú ya has aprendido algunas oraciones católicas.
Ya has comenzado a hablar con Dios.

En estas páginas aprenderás más cosas acerca
de la oración.

Aprenderás a hablar con Dios usando tus
propias palabras.

Aprenderás más acerca de cómo orar con otros
católicos y acerca de personas que nos ayudan
a orar.

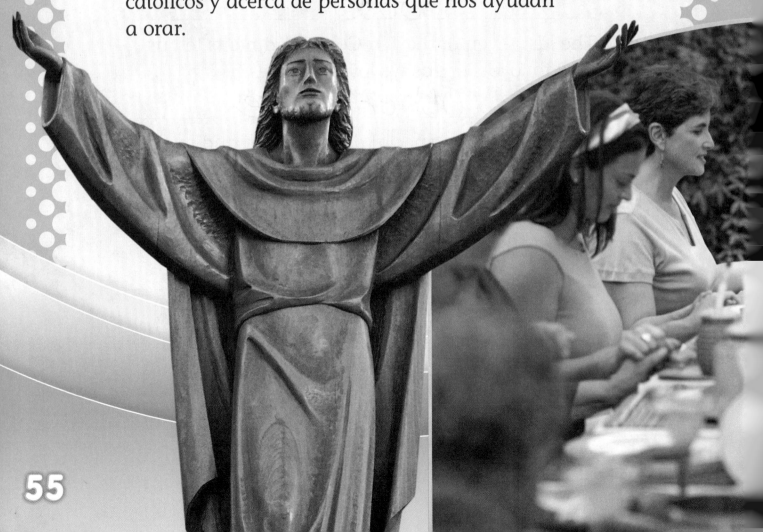

We Catholics Pray

How do we Catholics talk to God?
How do we pray when we are together?
How do we pray when we are alone?

You have already learned some Catholic prayers.
You have already begun to talk to God.

In these pages, you will learn more about prayer.

You will learn about talking to God in your
own words.

You will learn more about praying with other
Catholics and about people who help us pray.

Hablando con Dios

¡Tú eres hijo de Dios y Dios te ama muchísimo! ¿Cómo puedes hablar con Dios? ¿Qué le quieres decir?

Cuando hablamos con Dios **oramos.** Cuando oramos, oramos con Jesús.

Jesús nos dijo que podemos hablar con Dios Padre usando nuestras propias palabras. Nos dijo que le podemos pedir a Dios cualquier cosa.

Y también puedes decirle: "¡Muchas gracias, Dios!". ¡Le puedes dar gracias por muchas cosas!

"Muchas gracias,
Dios, por mi casa".
"Muchas gracias,
Dios, por mi familia".
"Muchas gracias,
Dios, por mis amigos".
¿Por qué más le puedes
dar las gracias a Dios?

¿Qué más le puedes decir a Dios?
Le puedes decir: "¡Dios, te amo!".
Dios se alegra tanto cuando
escucha oraciones de amor.
¡Dios también te ama!

Conoce nuestra fe católica

Jesús dijo: "Yo les digo: pidan y recibirán; busquen y encontrarán; llamen a la puerta y la puerta se les abrirá".

Basado en Lucas 11:9

Talking to God

You are God's own child and God loves you very much! How can you talk to God? What do you want to say?

When we talk to God, we **pray.** When we pray, we pray with Jesus.

Jesus told us we can talk to God the Father in our own words. He told us we can ask his Father for anything.

And you can say, "Thank you, God!" You can say a whole list of thank-you's!

"Thank you, God, for my home."
"Thank you, God, for my family."
"Thank you, God, for my friends."
What else will you thank God for?

What else can you say to God?
You can say, "I love you, God!"
God is so happy to hear
your prayers of love.
God loves you, too!

Know Our Catholic Belief

Jesus said, "So I say to you, ask, and it will be given you; search, and you will find; knock, and the door will be opened for you."

Luke 11:9

Mi propia oración a Dios

Escribe con tus propias palabras oraciones para dar gracias a Dios.

Decora esta página con dibujos o con un bonito borde.

Querido Dios, te doy las gracias por

Otro dia para vivir.

Gracias por

Todo lo que tengo.

Gracias por

Mi familia.

Gracias por

La escuela, tengo un lugar para poder estudiar.

My Own Prayer to God

Write a list of thank-you prayers to God in your own words.

Draw pictures to decorate this prayer page or make a beautiful border.

Dear God, I thank you for

_____

_____

Thank you for

_____

_____

Thank you for

_____

_____

Thank you for

_____

_____

Oraciones católicas

Es bueno aprender las oraciones que los católicos recitan. Tú ya sabes algunas y aprenderás muchas más.

Oramos juntos por muchas razones. Oramos bendiciones, pidiéndole a Dios lo que es bueno.

Le pedimos a Dios que nos perdone.

Oramos por otras personas, pidiéndole a Dios que los ayude.

Le damos gracias a Dios por todo lo que él nos ha dado.

Alabamos a Dios por ser un Dios tan grande y tan amoroso.

Cuando oramos juntos usamos palabras que todos puedan recitar.

¿Qué oraciones católicas ya conoces?

Conoce la tradición católica

Antes de comer oramos:

Bendice, Señor, estos alimentos que recibimos de tu generosidad. Te lo pedimos por Cristo, nuestro Señor. Amén.

Catholic Prayers

It is good to learn the prayers that Catholics pray. You already know some and will learn many more.

We pray together for many reasons. We pray prayers of blessing, asking God for what is good.

We ask God to forgive us.

We pray for other people, asking God to help them.

We thank God for all we have been given.

We praise God for being such a great and loving God.

When we pray together, we pray using words that everyone can say.

What Catholic prayers do you already know?

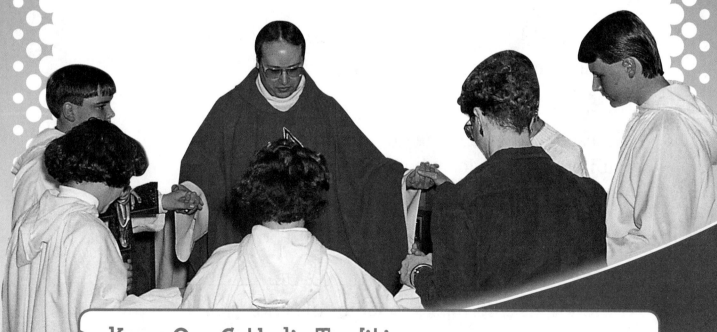

Know Our Catholic Tradition

We pray before meals,
> Bless us, O Lord, and these your gifts which we are about to receive from your goodness. Through Christ our Lord. Amen.

Muchos tipos de oración

A continuación leerás partes de distintas oraciones que oramos los católicos. Decide qué tipo de oración es y escribe el tipo de oración en la línea correspondiente. Usa la lista del recuadro.

Tipos de oración:

Bendición

Para pedir el perdón de Dios

Por los demás

De alabanza a Dios

De acción de gracias a Dios

1. "Dios mío, me arrepiento de todo corazón de todos mis pecados. . ."

   Para pedir el perdón de Dios

2. "Bendice, Señor, estos alimentos. . ."

   Bendicion

3. "Oh Jesús, Dios eterno, te doy gracias por tus innumerables gracias y bendiciones. . ."

   de acción de gracias a dios

4. "Gloria al Padre, y al Hijo, y al Espíritu Santo. . ."

   De alabanza a dios

5. "Por todos los enfermos, roguemos al Señor".

   Por los demas

Many Kinds of Prayers

Below are parts of some prayers Catholics pray together. Decide which kind of prayer each one is, and write the kind of prayer on the line below each prayer. Use this list.

Kinds of prayers:

Blessing

Asking God to forgive

For others

Praising God

Thanking God

1. "Oh, my God, I am sorry for all my sins . . ."

_____

2. "Bless us, O Lord, and these your gifts . . ."

_____

3. "Now thank we all our God with hearts and hands and voices . . ."

_____

4. "Glory to the Father, and to the Son, and to the Holy Spirit . . ."

_____

5. "For all those who are sick, we pray to the Lord . . ."

_____

Las personas que nos ayudan a orar

¿Cómo puedes aprender a orar? ¿Cómo puedes aprender las oraciones que los católicos oramos juntos?

Dios Espíritu Santo es quien te enseña a cómo orar. El Espíritu Santo te llama en lo más profundo de tu corazón.

Dios también envía a personas para que te ayuden a aprender a orar. Tu primera maestra de oración es tu familia. Los miembros de las familias católicas oran juntos.

En la iglesia hay otras personas que nos enseñan a orar. Los **sacerdotes** de nuestra parroquia nos guían en la oración. Nuestros **catequistas** nos enseñan oraciones y nos guían cuando oramos. Hay otros hombres y mujeres que también guían a la gente en la oración. ¿Quién te enseña a orar y te guía en tu parroquia?

> ### Conoce nuestra fe católica
>
> Oramos: "Ven Espíritu Santo, llena los corazones de tus fieles".

Those Who Help Us Pray

How can you learn to pray? How can you learn the prayers Catholics pray together?

It is God the Holy Spirit who teaches you how to pray. Deep in your heart, the Holy Spirit calls you.

God also sends people to help you learn to pray. Your first prayer teachers are your family. Catholic families pray together.

At church, other people teach us to pray. Our parish **priests** lead us in prayer. Our **catechists** teach us prayers and lead us when we pray. Other men and women also lead people in prayer. Who teaches you to pray and leads you at your parish church?

> **Know Our Catholic Belief**
> We pray, "Come, Holy Spirit, fill the hearts of your faithful."

Las personas que me ayudan a orar

En mi casa

Haz un dibujo de alguien de tu familia enseñándote a orar.

En la iglesia

Haz un dibujo de alguien de tu parroquia enseñándote a orar.

People Who Help Me Pray

At Home

Draw a picture of someone in your family teaching you to pray.

At Church

Draw a picture of someone at your parish church teaching you to pray.

El Padrenuestro

El Padrenuestro, al que también llamamos Oración del Señor, es la oración que Jesús nos enseñó a orar.

Cuando recitamos esta oración, estamos diciendo todo lo que necesitamos decirle a Dios.

La oración del Padrenuestro alaba a Dios y le da gracias. Bendecimos el nombre de Dios y le decimos a Dios que queremos hacer lo que él quiere que hagamos.

La oración del Padrenuestro le pide a Dios todo lo que necesitamos. Cuando pedimos "el pan nuestro de cada día", le estamos pidiendo todas las cosas que necesitamos hoy.

La oración del Padrenuestro pide el perdón de Dios. Le pedimos a Dios que nos perdone de la misma manera que nosotros perdonamos a los demás. No es fácil perdonar, pero Dios nos ayuda con su gracia.

Con la oración del Padrenuestro le pedimos a Dios que nos ayude a ser buenos. Le pedimos a Dios que nos ayude a tomar buenas decisiones. Le pedimos a Dios que nos proteja de todo lo que es malo.

Conoce nuestra fe católica

Los amigos de Jesús le pidieron: "Señor, enséñanos a orar. . ."

Basado en Lucas 11:1

The Lord's Prayer

The Lord's Prayer, which we also call the Our Father, is the prayer Jesus taught us to pray.

When we pray this prayer, we are saying everything we need to say to God.

The Lord's Prayer praises and thanks God. We bless God's name and tell God that we want to do what he wants us to do.

The Lord's Prayer asks God for all we need. When we ask for "daily bread," we ask for everything that we need today.

The Lord's Prayer asks for forgiveness. We ask God to forgive us the way we forgive others. It is not easy to forgive, but God helps us with his grace.

The Lord's Prayer asks God to help us be good. We ask God to help us make good choices. We ask God to protect us from all that is bad.

> ## Know Our Catholic Belief
> Jesus' friends asked him, "Lord, teach us to pray . . ."
> Luke 11:1

Mis propias oraciones a Dios

En las líneas de abajo, escribe usando tus propias palabras oraciones cortas que demuestren que sabes orar como Jesús nos enseñó a hacerlo.

La oración del Padrenuestro alaba a Dios y le da gracias. Con tus propias palabras, alaba a Dios y dale gracias.

_____

_____

La oración del Padrenuestro le pide a Dios todo lo que necesitamos. Pídele a Dios algo que necesites hoy.

_____

_____

La oración del Padrenuestro le pide a Dios que nos perdone. Pídele a Dios que te perdone por algo malo que hayas hecho.

_____

_____

My Own Prayers to God

In the spaces below, write short prayers in your own words that show that you know how to pray the way Jesus taught us.

The Lord's Prayer praises and thanks God.
Praise and thank God in your own words.

_____

_____

The Lord's Prayer asks God for all that we need.
Ask God for something that you need today.

_____

_____

The Lord's Prayer asks for forgiveness. Ask God to forgive you for something that you did wrong.

_____

_____

63

Repaso

Completa cada frase con la palabra o palabras correspondientes del recuadro.

Oración del Señor	**cualquier cosa**	**Alabamos**
hablando	**sacerdote**	**los demás**	**palabras**

1. Cuando oramos estamos _____ con Dios.

   _____

2. Podemos orar con nuestras propias _____.

   _____

3. Le podemos pedir a Dios _____.

   _____

4. _____ a Dios por ser un Dios tan grande y tan amoroso.

   _____

5. En la parroquia, nuestro _____ nos enseña a orar y nos guía en la oración.

   _____

6. Al Padrenuestro también lo llamamos la _____.

   _____

7. Le pedimos a Dios que nos perdone de la misma manera que nosotros perdonamos a _____.

   _____

Review

Complete each sentence with a word or words from the box.

> **Our Father**   **anything**   **praise**
>
> **talk**   **priest**   **others**   **words**

1. When we pray, we ____ to God.

   _____

2. We can pray in our own ____.

   _____

3. We can ask God for ____.

   _____

4. We ____ God for being such a great and loving God.

   _____

5. At church, our ____ teaches us to pray and leads us.

   _____

6. Another name for the Lord's Prayer is the ____.

   _____

7. We ask God to forgive us the way we forgive ____.

   _____

Glosario

absolución Bendición que perdona los pecados. [absolution]

Acto de contrición Oración de arrepentimiento por los pecados. [Act of Contrition]

Adviento Las cuatro semanas anteriores a la Navidad. [Advent]

agua bendita Agua bendecida que se usa en la iglesia para recordarnos nuestro Bautismo. [holy water]

altar Mesa especial sobre la que se celebra la misa. [altar]

ángeles Espíritus creados por Dios para que vivan en el cielo y sean mensajeros y guardianes. [angels]

Antiguo Testamento La primera sección de la Biblia, que contiene libros acerca del pueblo de Dios y de cómo Dios lo guió y cuidó de él. [Old Testament]

Bautismo el primer sacramento mediante el cual pasamos a ser miembros de la Iglesia; el Bautismo nos libera del pecado original y nos da una vida nueva en Jesucristo. [Baptism]

Biblia Colección de libros que son la Palabra de Dios. [Bible]

cáliz La copa especial que contiene el vino que se convierte en la Sangre de Cristo. [chalice]

catequista Persona que enseña religión y que nos ayuda a crecer en la fe. [catechist]

Glossary

absolution A blessing that forgives sins. [absolución]

Act of Contrition A prayer of sorrow for sins. [Acto de contrición]

Advent The four weeks before Christmas. [Adviento]

altar A special table where Mass is celebrated. [altar]

angels Spirits made by God to live in heaven and to be messengers and guardians. [ángeles]

Anointing of the Sick Sacrament in which Jesus strengthens us when we are sick. [Uncion de los enfermos]

Baptism The first sacrament by which we become members of the Church; It frees us from original sin and gives us new life in Jesus Christ. [Baptism]

Bible A collection of books that are the Word of God. [Biblia]

catechist A person who teaches religion and helps us grow in faith. [catequista]

chalice The special cup that holds the wine that becomes the Blood of Christ. [cáliz]

Christ Another name for Jesus, the Son of God. [Cristo]

Church The people of God who follow Jesus. [Iglesia]

cielo Lugar donde la felicidad es perfecta y en donde podemos vivir con Dios después de morir. [heaven]

Confirmación Sacramento mediante el cual Jesús fortalece los dones del Espíritu Santo. [Confirmation]

crear Hacer que exista algo de la nada. [create]

Cristo Otro nombre que recibe Jesús, el Hijo de Dios. [Christ]

Cuaresma El tiempo litúrgico con el que recordamos cómo Jesús murió en la cruz. [Lent]

Domingo de Pentecostés El día en que el Espíritu Santo descendió sobre los apóstoles. Es el "cumpleaños" de la Iglesia. [Pentecost Sunday]

Espíritu Santo La tercera persona de la Santísima Trinidad. El Espíritu Santo es Dios. [Holy Spirit]

Eucaristía El sacramento durante el cual el pan y el vino se convierten en el Cuerpo y la Sangre de Jesucristo. [Eucharist]

genuflexión Doblar una rodilla hacia el suelo para adorar a Jesús. [genuflect]

gracia La vida de Dios en nosotros. [grace]

Iglesia El pueblo de Dios que sigue a Jesús. [Church]

Jesús El Hijo de Dios. La segunda Persona de la Santísima Trinidad. [Jesus]

Confirmation Sacrament in which Jesus strengthens the gifts of the Holy Spirit. [Confirmación]

create To make something out of nothing. [crear]

Easter The day Jesus rose from the dead. [Pascua]

Eucharist The blessing of bread and wine that becomes the Body and Blood of Jesus Christ. [Eucaristía]

Father God the Father is the First Person in the Holy Trinity. [Padre]

genuflect To drop to one knee to adore Jesus. [genuflexión]

grace God's life in us. [gracia]

heaven Place of perfect happiness where we can live with God after we die. [cielo]

Holy Family Jesus, Mary, and Joseph. [Sagrada Familia]

Holy Orders Sacrament in which men become bishops, priests, and deacons. [Sacramento del orden sacerdotal]

Holy Spirit The Third Person in the Holy Trinity. The Holy Spirit is God. [Espíritu Santo]

Holy Trinity Name of the three Persons in one God—the Father, the Son, and the Holy Spirit. [Santísima Trinidad]

holy water Blessed water used in church to remind us of Baptism. [agua bendita]

José El marido de la Virgen María y el padre adoptivo de Jesús. [Joseph]

lámpara del santuario Lámpara o vela que está siempre encendida cerca del sagrario o tabernáculo de la iglesia. [sanctuary candle]

María La madre de Jesús. [Mary]

Matrimonio Sacramento mediante el cual un hombre y una mujer se convierten en esposo y esposa. [Matrimony]

milagro Obra realizada solamente a través del poder de Dios. El mayor milagro de Jesús fue su resurrección de entre los muertos. [miracle]

misa Nuestra celebración del banquete y sacrificio especiales durante la cual el pan y el vino se convierten en el Cuerpo y la Sangre de Jesucristo. [Mass]

Nuevo Testamento La segunda sección de la Biblia, que contiene libros acerca de Jesús y de su Iglesia. [New Testament]

orar Hablar y escuchar a Dios. [pray]

Sacramento del orden sacerdotal Sacramento mediante el cual la Iglesia recibe obispos, sacerdotes y diáconos. [Holy Orders]

Pascua El día en que Jesús resucitó de entre los muertos. [Easter]

Padre Dios Padre es la primera persona de la Santísima Trinidad. [Father]

Jesus The Son of God. The Second Person of the Holy Trinity. [Jesús]

Joseph Mary's husband and Jesus' foster father. [José]

Lent The special season when we remember how Jesus died on the cross. [Cuaresma]

Mary The mother of Jesus. [Maria]

Mass Our celebration of the special meal and sacrifice when bread and wine become the Body and Blood of Jesus Christ. [misa]

Matrimony Sacrament in which men and women become husbands and wives. [Matrimonio]

miracle An action done only through God's power. Jesus' greatest miracle was his rising from the dead. [milagro]

New Testament The second section of the Bible, with books written about Jesus and his Church. [Nuevo Testamento]

Old Testament First section of the Bible, with books about God's people and how he led them and cared for them. [Antiguo Testamento]

original sin Adam and Eve did not obey God. Because of their sin, each person is born into original sin. [pecado original]

paten Plate where the bread of the Eucharist is placed at Mass. [patena]

patena Plato especial donde se coloca el pan que se usa durante la misa. [paten]

pecado original El primer pecado cometido, cuando Adán y Eva no obedecieron a Dios. Cada persona nace con este pecado. [original sin]

penitencia Una oración u obra para la remisión de los pecados. [penance]

Reconciliación El sacramento mediante el cual Jesús nos perdona los pecados. [Reconciliation]

Resurrección El momento cuando Dios resucitó a Jesús de entre los muertos, tres días después de su muerte en la cruz. [Resurrection]

sacerdote El hombre que celebra la misa, que nos ayuda a orar y nos enseña acerca de la Iglesia. [priest]

sacramento Signo del amor de Dios que Jesús ha dado a la Iglesia para que esta pueda recibir la gracia de Dios. [sacrament]

Sagrada Familia Jesús, la Virgen María y san José. [Holy Family]

Santísima Trinidad Nombre que reciben las tres personas en un solo Dios: Dios Padre, Dios Hijo y Dios Espíritu Santo. [Holy Trinity]

santos Hombres y mujeres santos que viven con Dios en el cielo. [saints]

Unción de los enfermos Sacramento mediante el cual Jesús nos fortalece cuando estamos enfermos. [Anointing of the Sick]

penance A prayer to say or an action to do to make up for sins. [penitencia]

Pentecost Sunday The day the Holy Spirit came upon the apostles. The "birthday of the Church." [Domingo de Pentecostés]

pray To talk and listen to God. [orar]

priest The man who celebrates Mass, helps us pray, and teaches us at Church. [sacerdote]

Reconciliation The sacrament in which Jesus forgives sins. [Reconciliación]

Resurrection The moment when God raised Jesus from among the dead, three days after his death on the cross. [Resurrección]

sacrament A sign of God's love, given to the Church by Jesus so we can receive God's grace. [sacramento]

saints Holy people who live with God in heaven. [santos]

sanctuary candle The lamp or candle kept lit near the tabernacle in church. [lámpara del santuario]

Santos

Un santo es una persona que ha amado a Dios de una manera especial. Conoce algunos de estos santos:

Santa Rosa de Lima

Se celebra el 23 de agosto

- Patrona de América Latina.
- Santa Rosa nació en Lima, Perú.
- La bautizaron con el nombre de Isabel, pero la llamaban Rosa porque era muy bonita.
- La familia de Rosa era pobre y ella ayudaba trabajando en el huerto de día y cosiendo de noche.
- Se hizo miembro de la tercera orden de Santo Domingo.
- Su santa favorita era Santa Catalina de Siena.
- Se dedicaba a la oración y a ayudar a los pobres.
- Fue la primera santa americana en ser canonizada.

¿Cuáles son tus santos favoritos?

San Marcos

Se celebra el 25 de abril

- San Marcos vivió hace mucho tiempo.
- Era un escritor muy bueno.
- San Marcos escribió acerca de Jesús.
- Sus escritos se llaman "Evangelio".
- Los puedes encontrar en la Biblia.

¿Cuándo escuchas una lectura del Evangelio?

Saints

A saint is a person who loved God in a special way. Get to know these saints.

Saint Rose of Lima

Feast day—August 23

- Patroness of Latin America
- Saint Rose was born in Lima, Peru.
- She was baptized Isabel, but people called her Rose because of her beauty.
- Her family was poor and Rose helped by working in the fields by day and by sewing at night.
- She became a member of the third order of Saint Dominic.
- Her favorite saint was Saint Catherine of Sienna.
- Rose spent much of her time in prayer and helping the poor.
- She was the first saint of the Americas to be canonized.

Who are your favorite saints?

Saint Mark

Feast day—April 25

- Saint Mark lived a long time ago.
- He was a very good writer.
- Saint Mark wrote about Jesus.
- This writing is called a "Gospel."
- It is found in the Bible.

Where do you hear the Gospel read?

Beata Kateri Tekakwitha

Se celebra el 14 de julio

- Kateri Tekakwitha era una india mohawk.

- Su nombre quiere decir: "Poner las cosas en orden".

- Sus padres murieron cuando ella sólo tenía cuatro años.

- Los misioneros enseñaron a Kateri acerca de Dios.

- Kateri fue bautizada el Domingo de Pascua.

- Oraba e iba a misa todos los días.

- Murió siendo muy joven.

- Kateri quiso mucho a Jesús.

¿Sabes el significado de tu nombre?

San Mateo

Se celebra el 21 de septiembre

- San Mateo era recaudador de impuestos.

- Fue uno de los seguidores de Jesús.

- Él fue lo que llamamos un "apóstol de Jesús".

- A la gente no le gustaban los recaudadores de impuestos.

- A mucha gente no le gustaba Mateo.

- Pero Jesús lo amaba de todas formas.

- Jesús compartió comidas con Mateo.

- Uno de los Evangelios tiene el nombre de San Mateo.

¿Cuáles son los nombres de los otros Evangelios?

Blessed Kateri Tekakwitha

Feast day—July 14

- Kateri Tekakwitha was a Mohawk Indian.
- Her name means "putting things in order."
- Her parents died when she was only four.
- Kateri learned about God from missionaries.
- She was baptized on Easter Sunday.
- She prayed and went to Mass every day.
- She died very young.
- She loved Jesus very much.

Do you know what your name means?

Saint Matthew

Feast day—September 21

- Saint Matthew was a tax collector.
- He was one of Jesus' followers.
- We call him an apostle of Jesus.
- People did not like tax collectors.
- Many people hated Matthew.
- But Jesus loved him just the same.
- Jesus shared meals with him.
- One of the Gospels is named after Saint Matthew.

Who are the other Gospels named after?

San Francisco de Asís

Se celebra el 4 de octubre

- San Francisco nació en Italia.
- Su familia era muy rica.
- Cuando era joven le gustaba divertirse mucho.
- Fue herido durante la guerra.
- Esto hizo que se convirtiera en una persona más seria.
- Donó todo lo que tenía para hacerse seguidor de Jesús.
- Francisco amaba a todas las criaturas de Dios.
- Otros jóvenes decidieron seguir a Francisco.
- Compartían todo lo que tenían con los pobres.

¿Qué puedes hacer para ayudar a los pobres?

San Lucas

Se celebra el 18 de octubre

- San Lucas era médico.
- También era un escritor muy bueno.
- Escribió acerca de la vida de Jesús.
- También escribió acerca de la Virgen María.
- A estos escritos los llamamos "Evangelio".
- También escribió acerca de los apóstoles de Jesús.
- Sus escritos a veces son muy emocionantes.
- Estos se titulan "Hechos de los Apóstoles".
- Todos estos escritos están en la Biblia.

¿Te pueden ayudar a encontrar estos escritos en la Biblia?

Saint Francis of Assisi

Feast day   October 4

- Saint Francis was born in Italy.

- His family was very rich.

- He was a young man who liked to have fun.

- While fighting a war, he was captured.

- This made him become more serious.

- He gave away all he had to follow Jesus.

- Francis had a special love for all God's creatures.

- Other young men followed Francis.

- They shared all they had with the poor.

What can you do to help the poor?

Saint Luke

Feast day–October 18

- Saint Luke was a doctor.

- He was also a good writer.

- He wrote about the life of Jesus.

- He also wrote about the Blessed Mother.

- These writings are called a "Gospel."

- He also wrote about the apostles of Jesus.

- That writing is sometimes very exciting.

- It is called the Acts of the Apostles.

- All these writings are in the Bible.

Can someone help you find Saint Luke's writings in the Bible?

Beato Miguel Agustín Pro

Se celebra el 23 de noviembre

- Miguel Agustín nació en México, de una familia acomodada.

- Dibujaba caricaturas y tocába la guitarra.

- Sus dos hermanas se hicieron monjas y él sacerdote jesuita.

- Cuando estaba en el seminario comenzó en México una persecución contra la Iglesia.

- Miguel Agustín tuvo que marcharse al extranjero pero regresó a México a pesar de la persecución.

- Continuó su ministerio como sacerdote ayudando a todos.

- Fue arrestado y fusilado por su fe.

- Sus últimas palabras fueron: "Viva Cristo Rey".

¿Cómo puedes ayudar a los demás?

San Juan

Se celebra el 27 de diciembre

- San Juan era un jóven cuando conoció a Jesús.

- Su hermano mayor, Santiago, también fue apóstol y santo.

- Escribió un Evangelio y varias cartas.

- Fue el único apóstol que acompañó a Jesús durante su crucifixción.

- Jesús le pidió a Juan que cuidara de la Virgen María.

- El símbolo de Juan es un águila.

¿Cuándo oras a la Virgen María?

Blessed Miguel Agustín Pro

Feast day November 23

- Miguel Agustín was born in México, in a well to do family.

- He could draw caricatures and play the guitar.

- His two sisters became nuns and he became a Jesuit priest.

- When he was in the seminary, a persecution against the Church started in Mexico.

- Miguel Agustín had to leave Mexico but returned despite the persecution.

- He continued to minister as a priest, helping all.

- He was arrested and killed because of his faith.

- His last words were, "Long live Christ the King."

How can you help others?

Saint John

Feast day—December 27

- Saint John was young when he met Jesus.
- His older brother, James, was also an apostle and saint.
- He wrote a Gospel and several Letters.
- He was the only apostle to stand at the cross with Jesus.
- Jesus asked John to take care of his mother, Mary.
- The symbol for John is the eagle.

When do you pray to Mary?

Lugares sagrados

Los lugares sagrados son aquellos lugares que visitas o en los que piensas para poder conocer mejor a Jesús.

El altar

El altar es una mesa muy especial.

Algunos altares son grandes y otros pequeños.

Algunos altares tienen muchas decoraciones y otros no.

Algunos altares están al final de la iglesia.

Otros altares están en el centro de la iglesia.

Todos los altares son lugares sagrados.

Un altar es la mesa donde compartimos una comida con Jesús.

¿Te has acercado alguna vez al altar de tu parroquia?

La sacristía

La sacristía es una cuarto especial de la iglesia.

Es donde el sacerdote se prepara para la misa.

Los monaguillos a veces también se preparan en la sacristía.

En la sacristía se guardan los cálices para la misa.

Los manteles del altar también se guardan allí.

En la sacristía también están las velas y otros objetos especiales.

Las vestiduras para la misa también se pueden encontrar allí.

Los libros que se usan para la misa se guardan en la sacristía.

¿Has estado alguna vez en la sacristía de tu parroquia?

Sacred Sites

Sacred sites are places you may visit, or think about, to help you get to know Jesus better.

The Altar

The altar is a very special table.

Some altars are big and others are little.

Some altars are fancy and others are plain.

Some altars are near the front of church.

Other altars are in the center.

Every altar is a sacred place.

It is the table where we share a meal with Jesus.

Have you ever been near the altar at your church?

The Sacristy

The sacristy is a special room in the church.

It is where the priest prepares for Mass.

Sometimes servers also prepare for Mass here.

The cups for Mass are kept in the sacristy.

The cloths for the altar are kept there.

Candles and other special items are there.

Special clothing for Mass can be found there.

Books for Mass are stored in the sacristy.

Have you ever seen your parish sacristy?

El monte Sinaí

El monte Sinaí es una montaña sagrada que está en Israel.

A veces también se le llama monte Horeb.

Está en la mitad del desierto.

Los judíos lo consideran un lugar santo.

En este monte es donde Dios dio los Diez Mandamientos a Moisés.

Los Diez Mandamientos son las reglas que Dios dio a su pueblo.

Dios les dio las reglas como un signo de su amor.

¿Te acuerdas de uno de los Diez Mandamientos?

El Calvario

El Calvario es otro monte santo de Israel.

Es el lugar donde Jesús dio su vida por nosotros.

Es el lugar donde murió Jesús.

El Calvario era el lugar donde ejecutaban a los criminales.

Dos criminales murieron a ambos lados de Jesús.

La Biblia tiene muchos nombres diferentes para el Calvario.

Se le llama "La calavera".

Su nombre en hebreo es *Gólgota*.

¿Has escuchado alguna vez hablar del Calvario durante la Cuaresma?

Mount Sinai

Mount Sinai is a very sacred mountain in Israel.

Sometimes it is also called Mount Horeb.

It rises up above a desert.

Jewish people see this as a holy place.

It is where God gave Moses the Ten Commandments.

These are rules God gave the people.

God gave them rules as a sign of his love.

Can you remember one of the Ten Commandments?

Calvary

Calvary is another sacred hill in Israel.

It is the place where Jesus gave his life for us.

It is the place where Jesus died.

Criminals were put to death on Calvary.

Two criminals died alongside Jesus.

The Bible has many names for Calvary.

It is also called "the Place of the Skull."

Its name in Hebrew is Golgotha.

Have you ever heard about Calvary during Lent?

Oraciones y prácticas

Las oraciones nos ayudan a conversar con Dios. Las prácticas religiosas nos ayudan a acercarnos más a Dios.

Señal de la cruz

En el nombre del Padre,
    (tócate la frente con la mano derecha)

y del Hijo,
    (tócate el centro del pecho con tu mano derecha)

y del Espíritu Santo.
    (tócate primero el hombro izquierdo con la mano derecha y luego tócate el hombre derecho)

Amén.
    (junta las manos en posición de oración)

Avemaría

Dios te salve, María,

llena eres de gracia;

el Señor es contigo.

Bendita tú eres

entre todas las mujeres,

y bendito es el fruto

de tu vientre, Jesús.

Santa María, Madre de Dios,

ruega por nosotros, pecadores,

ahora y en la hora de nuestra muerte. Amén.

Prayers & Practices

**Prayers help us talk with God.
Sacred actions bring us closer to God.**

Sign of the Cross

In the name of the Father,
  (touch your right hand on your
  forehead)

and of the Son,
  (now touch your right hand to the
  center of your chest)

and of the Holy Spirit.
  (now touch your right hand to your left then right
  shoulder)

Amen.
  (now fold your hands)

Hail Mary

Hail Mary,

full of grace,

the Lord is with you.

Blessed are you among women,

and blessed is the fruit of
your womb, Jesus.

Holy Mary, Mother of God,

pray for us sinners

now and at the hour of our death. Amen.

75

Doxología (Gloria al Padre)

Gloria al Padre

y al Hijo

y al Espíritu Santo.

Como era en el principio,

ahora y siempre,

por los siglos de los siglos. Amén.

Padrenuestro

Padre nuestro que estás en el cielo,

santificado sea tu nombre;

venga a nosotros tu Reino;

hágase tu voluntad en la tierra como en el cielo.

Danos hoy nuestro pan de cada día;

perdona nuestras ofensas,

como también nosotros perdonamos a los que nos ofenden;

no nos dejes caer en la tentación,

y líbranos del mal. Amén.

Ángel de la guarda

Ángel de la guarda, mi dulce compañía,

no me desampares ni de noche ni de día,

hasta que descanse en paz y alegría

con todos los santos, Jesús y María.

Amén.

Doxology

Glory to the Father,
and to the Son,
and to the Holy Spirit:
as it was in the beginning,
is now, and will be forever.
Amen.

Our Father

Our Father, who art in heaven,
hallowed be thy name;
thy kingdom come,
thy will be done
on earth as it is in heaven.
Give us this day our daily bread,
and forgive us our trespasses,
as we forgive those who trespass against us;
and lead us not into temptation,
but deliver us from evil.
Amen.

Angel of God

Angel of God, my guardian dear,
To whom God's love entrusts me here,
Ever this day be at my side,
To light and guard, to rule and guide.
Amen.

Acto de contrición

Señor Dios, estoy arrepentido de haber pecado.

Por favor, perdóname.

Sé que me amas.

Yo también te quiero amar y ser bueno con todos los demás.

Ayúdame a corregir mis pecados.

De ahora en adelante intentaré ser más bueno. Amén.

Inclinamos nuestra cabeza cuando pronunciamos el nombre de Jesús.

Cuando nos presentan a alguien importante, como a un rey o a un presidente, inclinamos la cabeza o les damos la mano.

Jesús es más especial que cualquier otra persona que podamos conocer.

Cuando decimos su nombre inclinamos nuestra cabeza en señal de respeto y de amor por él.

Inténtalo. Inclina tu cabeza y di: "Jesús, te quiero".

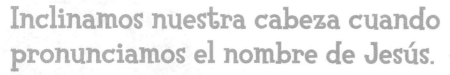

Oramos ante Jesús en la cruz.

Hay cruces sencillas y cruces muy adornadas.

Un crucifijo es una cruz que tiene una estatua de Jesús.

El mirar a Jesús en la cruz nos recuerda lo mucho que nos ama.

Es un recordatorio de que Jesús murió y resucitó por nosotros.

Cuando mires un crucifijo es bueno que ores: "Jesús, ten misericordia de mí" o "Gracias, Jesús".

¿Dónde has visto un crucifijo?

Act of Contrition

O my God, I am sorry I have sinned.

Please forgive me.

I know you love me.

I want to love you and to be good to everyone.

Help me make up for my sins.

I will try to do better from now on. Amen.

We bow our heads when we say the name of Jesus.

When you meet a special person, like a queen or a president, you bow or shake hands.

Jesus is more special than any person we could meet.

When we say his name, we lovingly bow our heads.

It reminds us of the respect we have for him.

Try it. Bow your head and say, "Jesus, I love you."

We pray before Jesus on the cross.

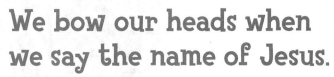

There are plain crosses and fancy crosses.

A crucifix is a cross with a statue of Jesus on it.

Looking at Jesus on a cross reminds us how much he loves us.

It is a reminder that he died and rose from the dead for us.

When you look at a crucifix, it is good to pray, "Jesus, have mercy on me" or "Thank you, Jesus."

Where have you seen a crucifix?

Obedecemos los Diez Mandamientos

Estas son las reglas que Dios dio a Moisés par ayudar a su pueblo a estar cerca de Dios. Nosotros las obedecemos porque amamos a Dios.

1. Yo soy el Señor tu Dios: Amarás a Dios sobre todas las cosas.

2. No tomarás el nombre de Dios en vano.

3. Santificarás las fiestas.

4. Honrarás a tu padre y a tu madre.

5. No matarás.

6. No cometerás actos impuros.

7. No robarás.

8. No darás falso testimonio ni mentirás.

9. No consentirás pensamientos ni deseos impuros.

10. No codiciarás los bienes ajenos.

¿Tus padres tienen reglas que tienes que cumplir?

We obey the Ten Commandments.

These are the rules God gave Moses to help people be close to God. We obey them because we love God.

1. I am the Lord your God: You shall not have strange gods before me.

2. You shall not take the name of the Lord your God in vain.

3. Remember to keep holy the Lord's Day.

4. Honor your father and your mother.

5. You shall not kill.

6. You shall not commit adultery.

7. You shall not steal.

8. You shall not bear false witness against your neighbor.

9. You shall not covet your neighbor's wife.

10. You shall not covet anything that belongs to your neighbor.

Do your parents set up rules for you?

Créditos artísticos/Art credits

Donde hay más de una ilustración en una página, el reconocimiento se hace según la siguiente secuencia: de izquierda a derecha y de arriba abajo. La posición de la ilustración en la página se ha abreviado, siguiendo el inglés, de la siguiente manera: **(t)** arriba, **(c)** centro, **(b)** abajo, **(l)** izquierda y **(r)** derecha.

Las fotos e ilustraciones que no se reconocen aquí son propiedad de Loyola Press o proceden de fuentes libres de regalías tales como, pero sin estar limitadas a, Alamy, Art Resource, Big Stock, Bridgeman, Corbis/Veer, Dreamstime, Fotosearch, Getty Images, Northwind Images, Photoedit, Smithsonian y Wikipedia. Loyola Press ha realizado todos los esfuerzos posibles por localizar a los propietarios de los derechos de autor de las obras utilizadas en esta publicación a fin de hacer un reconocimiento pleno de la autoría de su trabajo. En caso de alguna omisión, Loyola Press se complacerá en reconocerlos en futuras ediciones.

When there is more than one picture on a page, credits are supplied in sequence, left to right, top to bottom. Page positions are abbreviated as follows: **(t)** top, **(c)** center, **(b)** bottom, **(l)** left, **(r)** right.

Photos and illustrations not acknowledged are either owned by Loyola Press or from royalty-free sources including but not limited to Alamy, Art Resource, Big Stock, Bridgeman, Corbis/Veer, Dreamstime, Fotosearch, Getty Images, Northwind Images, Photoedit, Smithsonian, Wikipedia. Loyola Press has made every effort to locate the copyright holders for the cited works used in this publication and to make full acknowledgment for their use. In the case of any omissions, the Publisher will be pleased to make suitable acknowledgments in future editions.

Sección Uno/Section One
1(tr) Jupiter Images
1(br) Jupiter Images
3(r) iStockphoto.com/Nina Shannon
4(l) iStockphoto.com/aldomurillo
4(c) iStockphoto.com/Carmen Martínez Banús
4(r) The Crosiers/Gene Plaisted OSC
5(bl) The Crosiers/Gene Plaisted OSC
6(l) The Crosiers/Gene Plaisted OSC
6(r) The Crosiers/Gene Plaisted OSC
8(l) iStockphoto.com/Aldo Murillo
8(r) The Crosiers/Gene Plaisted OSC
10 iStockphoto.com/Shane Williams
11(t) iStockphoto.com/Abramova_Kseniya
11(b) iStockphoto.com/letty17
12(l) The Crosiers/Gene Plaisted OSC
13(l) iStockphoto.com/ shazie28
13(r) iStockphoto.com/omergenc
14(l) The Crosiers/Gene Plaisted OSC
14(r) The Crosiers/Gene Plaisted OSC
15(l) The Crosiers/Gene Plaisted OSC
15(r) The Crosiers/Gene Plaisted OSC
16(l) Jupiter Images
18(l) The Crosiers/Gene Plaisted OSC
22(l) The Crosiers/Gene Plaisted OSC
22(r) Jupiter Images
23 The Crosiers/Gene Plaisted OSC
23 The Crosiers/Gene Plaisted OSC
23 The Crosiers/Gene Plaisted OSC
23 The Crosiers/Gene Plaisted OSC
24(l) The Crosiers/Gene Plaisted OSC
26 iStockphoto.com/zeig

Sección Dos/Section Two
29(c) Myrleen Ferguson Cate/Photo edit
29(r) Jupiter Images
30(r) The Crosiers/Gene Plaisted OSC
32(l) iStockphoto.com/LordRunar
32 Jupiter Images
38(l) Jupiter Images
38(r) iStockphoto.com/aldomurillo
43 Jupiter Images
43(r) The Crosiers/Gene Plaisted OSC

Sección Tres/Section Three
47(l) iStockphoto.com/cglow
47(r) iStockphoto.com/wibs24
49(l) The Crosiers/Gene Plaisted OSC
49(r) iStockphoto.com/Lightguard
50(r) Jupiter Images
51(l) Jupiter Images
52(r) iStockphoto.com/nautilus_shell_studios

Sección Cuatro/Section Four
55(l) The Crosiers/Gene Plaisted OSC
55(r) Jupiter Images
60(l) James Shaffer/PhotoEdit
62(r) The Crosiers/Gene Plaisted OSC

Glosario/Glossary
65(l) iStockphoto.com/LordRunar
66(r) The Crosiers/Gene Plaisted OSC
67(l) iStockphoto.com/wibs24
68(r) The Crosiers/Gene Plaisted OSC

Santos/Saints
69(l) The Crosiers/Gene Plaisted OSC
69(r) The Crosiers/Gene Plaisted OSC
70(t) The Crosiers/Gene Plaisted OSC
70(b) The Crosiers/Gene Plaisted OSC
71(t) The Crosiers/Gene Plaisted OSC
71(b) The Crosiers/Gene Plaisted OSC
72(b) The Crosiers/Gene Plaisted OSC

Lugares sagrados/Sacred Sites
74(b) Jupiter Images

Oraciones y prácticas/Prayers & Practices
75(t) Phil Martin Photography
75(l) The Crosiers/Gene Plaisted OSC
75(r) The Crosiers/Gene Plaisted OSC
76(t) The Crosiers/Gene Plaisted OSC
76(c) The Crosiers/Gene Plaisted OSC
77(b) The Crosiers/Gene Plaisted OSC
78 The Crosiers/Gene Plaisted OSC